倾向与可能丛书

21世纪的权力

与约翰·A．霍尔的对话

[英] 迈克尔·曼 著

陈冕 译

Power in the 21st Century

Conversations with John A. Hall

Michael Mann

南京大学出版社

Translated from *Power in the 21st Century: Conversations with John A. Hall*, 1st Edition
by Michael Mann
Copyright © Michael Mann and John A. Hall 2011
The right of Michael Mann and John A. Hall to be identified as Authors of this Work has
been asserted in accordance with the UK Copyright, Designs and Patents Act 1988.
First published in 2011 by Polity Press
This edition is published by arrangement with Polity Press Ltd., Cambridge
Simplified Chinese edition copyright © 2023 Shanghai Sanhui Culture and Press Ltd.
Published by Nanjing University Press
All rights reserved.
版权登记号：图字10-2022-344号

图书在版编目（CIP）数据

21世纪的权力：与约翰·A.霍尔的对话 / (英) 迈克尔·曼 (Michael Mann) 著；陈冕
译. -- 南京：南京大学出版社, 2023.9
（倾向与可能丛书）
ISBN 978-7-305-26389-7

Ⅰ.①2… Ⅱ.①迈… ②陈… Ⅲ.①社会学—研究 Ⅳ.①C91

中国版本图书馆CIP数据核字(2022)第245595号

出版发行 南京大学出版社
社　　址 南京市汉口路22号　邮　　编 210093
出 版 人 王文军

丛 书 名 倾向与可能丛书
书　　名 21世纪的权力：与约翰·A.霍尔的对话
　　　　 21 Shiji de Quanli: Yu Yuehan A. Huoer de Duihua
著　　者 ［英］迈克尔·曼
译　　者 陈　冕
策 划 人 严搏非
责任编辑 梁承露
特约编辑 张少军 杨揄熹
装帧设计 周伟伟

印　　刷 山东临沂新华印刷物流集团有限责任公司
开　　本 880mm×1240mm 1/32　印张 5.875　字数 113千
版　　次 2023年9月第1版　2023年9月第1次印刷
ISBN 978-7-305-26389-7
定　　价 55.00元

网　　址 http://www.njupco.com
官方微博 http://weibo.com/njupco
官方微信 njupress
销售热线 （025）83594756

目录

导言

约翰·A. 霍尔

对我来说，迈克尔·曼一直是"我们"时代的马克斯·韦伯（Max Weber）。[1] 这一点从他的核心理论便可轻而易举看出：我们必须考虑社会权力的不同来源，以理解历史记载和我们所处之世界的轮廓。同样重要的是这两位思想家惊人的历史跨度，他们都具备令人惊诧的能力：从实证研究中吸取并提炼丰富内容。当然，此中亦有微妙差异，曼会在后面的文本中回应部分内容。韦伯关心权力的经济、政治以及意识形态形式，曼则将其发展为四重议程，在这著名的三位一体中着重加入了军事权力的领域。同时，两人在视角上有所差异。韦伯将广博学识用于分析不同文明，曼和他并不完全相同，尽管他们都朝这一方向发起进攻。他们最重要的区别是规范性的。突出尼采对韦伯

---

[1] 对于这一主张，我在我的《政治问题》中已有详尽说明。另请注意，此处以及其他文本，乃至作者在谈话中所提到的著作，都会在书的末尾引证。——作者注

的影响并不为过，这一影响导致他对祛魅的关注，有时也导向一种为自由民主制留下的余地不多的政治，使他偏好民族主义，渴求克里斯玛型的领导人将社会从消费主义的沉闷病征中拯救。相反，曼是颇为坚定的社会民主主义者，本书将会使这一点显得更为清晰。这更加强了他是我们这一时代的马克斯·韦伯的感觉。他也关心我们现在的历史的观念，但其著作基于与我们更为紧密的价值。

尽管曼的著作已闻名遐迩，我们还是有必要重复其理解社会的宏图。1972年，他告诉我们，他准备尝试发展出理解作为整体的历史记录的工具。他当时幻想自己可以在较小的篇幅、在一卷著作中处理这个问题。他并没能做到，这可谓万幸！最后，我们得以看到更宏大的著作，详尽细节沿重要的转折点铺展开来，这些著作有着推进社会学理论的关切，并试图助益对社会的理解。

《社会权力的来源（第一卷）：自源起到公元1760年的权力史》是尤为让人兴奋的一卷。这不仅仅是因为它提出了崭新的理论图式。一方面，其广阔的历史跨度意味着理论主张出自历史细节。另一方面，其对待权力前沿从中东迁移到欧洲西北部的方式，有其叙述的锋芒，将读者带进世界历史发展的迷人讨论。此中亦有许多重要而意外的愉悦：他解释了早期农民在河谷中所受到的"禁闭"（caging），这使农业变得重要[2]；他分析了早期的帝国，尤其是对罗马帝国兴衰进行了复杂描述；他带来关于意识形态权力的独创概念，剖析世界宗教的出现；他还提供了对欧洲西北部战争国家的世界权力的兴起的解释。

《社会权力的来源》（以下简称《来源》）的第一卷成就了他的名望，也见证了他从伦敦政治经济学院转到加州大学的过程。他现在也还在加州大学工作。相比起来，第二卷《阶级和民族国家的兴起（1760—1914）》得到的关注较少。这本书内容更为稠密，填满了实证细节，或许这对读者要求太高，读者无法抓住其中不同的独创性。这本书继续利用四种权力来源的概念工具追踪权力的前沿，描述欧洲西北部强国在漫长的19世纪中的互动。这一卷尤为令人震惊的是他处理社会生活关键因素的固定模式——至少在我看来，他让这一卷中那些相对被忽视的东西变得振聋发聩。其中，处理现代国家的章节是最有力的，堪称令人震惊的宏伟旅途。同样重要的是他对阶级行动特性的细致解释，他强调社会运动的特质出自与之互动的国家性质。纵观全书，他对民族主义颇具洞察力，在本书对话的专题中，这

---

[2] 在曼看来，公元前3000年的过渡性国家从等级权力走向分层国家，最初就是"在禁闭意义上的强制范围，即限于小区域的、必然高度集中的社会关系的发展"。美索不达米亚的社会发展是以两个主要的相互作用网络推动的进步为基础，即"冲击农业和雨浇农业、牧业、矿业以及林业之间的横向关系"以及"沿着河流的不同冲击区及其内地之间的纵向关系"。但同时，"这些主要的社会网络是松散的和交叠的，减弱了禁闭的力量"。参见《社会权力的来源》第一卷。——译者注（除导言开头的作者注，书中其余脚注皆为译者注，后不再一一说明）

一点会得到更为清晰的阐述。当然，最后一章中，他描绘了欧洲开始失去世界统治权的历史时刻。我们可以肯定，欧洲国家间的地缘政治竞争最后带来了进步——包括国家的理性化，以及经济和政治创新的扩散。但一旦战争和工业力量联合，这一发动机就会带来灾难。

意外情况与政治事件一样会影响学术计划。《来源》第二卷问世的那一年，欧内斯特·盖尔纳（Ernest Gellner）在布拉格举行了一场关于民族主义的会议，曼被当时巴尔干半岛上的种族清洗问题挑战了。这一挑战的结果便是，他在迅速完成《来源》的计划中暂时绕了个大弯，转而完成了一组著作——《法西斯分子》和《民主的阴暗面：解释种族清洗》——来解释 20 世纪中的恐怖。这组著作无疑证明了他对比较历史社会学技艺的精湛掌握。显然，这种书是很难写的。这两本书最让人印象深刻的特征是，他拒绝将施害者看作邪恶的，或仅仅认为他们是邪恶的。相反，这必须牵涉到卷入其中的行动者，他们行动的合理性必须被鉴别和理解。这一理路给曼带来了一堆麻烦，尤其是评论《民主的阴暗面》的戴维·莱廷（David Laitin）。[3] 这或许是因为，考虑到自由民主制在种族清洗方面相对干净的记录，曼的书名虽引人注目但不免轻率。然而我还是觉得这标题是勇敢而意味深长的，它迫使我们去面对"普通人亦会邪恶行事"

---

[3] 政治学家莱廷在《曼的黑暗面：将民主和种族灭绝挂钩》一文中，对曼的《民主的阴暗面》发起全面进攻，认为他将民主与黑暗的屠杀联系起来，完全是不准确的。

这一事实——种族清洗可以是大众化的，而并非如通常所说的那样，被政客操纵设计。

此外，他在完成《来源》的路上还有过另外一次转道，但这对丰富最后一卷《来源》的内容大有裨益，我们稍后将会讨论。1986年后，曼生活在美国。身处世界权力的前沿，他更为频繁地思考起美国的特性。其中一部分原因是他极端厌恶导致伊拉克战争的外交政策。《不连贯的帝国》是一部反对当代美国帝国姿态的作品，认为美国所行不善，终将失败。曼的态度有些摇摆不定，并时常围绕"美国何时会失去领先地位"打转，我们在下文中将会讨论。曼如此专注于美国，还缘于一个广泛流传的观念：世界政治就要发生改变。不过几年之前，还有很多人在讨论美国的单极权力；现在所有人都将目光投向中国，或许还有印度和巴西，看它们如何为世界政治增添多极权力的元素。

《权力》的最后一卷已经完成了，并会在2011年面世。[4]值得一提的是，曼在选择这一卷的副标题时颇费踌躇。最开始的副标题是"全球化"，这指的是将世界联系起来的不同进程。这些进程被写入了目前被使用的副标题——"帝国，资本主义和民族国家"——不过我们之后或许会发现它又被轻微调整。但这一卷的主旨已被2010年2月的谈话中的评论简洁概括：

---

[4] 该系列共出版四卷，最后一卷名为"社会权力的来源：全球化进程，1945—2011"，由剑桥大学出版社于2012年出版。

要分析漫长的 20 世纪乃至今日的世界，最为基础的社会制度便是资本主义和民族国家，即便资本主义曾与社会主义和法西斯生产模式发生竞争，即便主导的国家最初具有帝国之形，甚至其中一员现在依旧如此。因此，以全球化（这应是一个复数之词）为例，它牵涉到三种主要原理：资本主义的全球化、民族国家的全球化，以及第一个全球帝国即美利坚帝国的出现。资本主义引发了阶级斗争，而民族国家和帝国则引出了地缘政治、国家间的战争，有时还有内战。它们都会形成意识形态。在当今时代，意识形态以世俗为主，而非宗教形态。这便是我新近著作的主题。

读者记住这些评论——并可不时翻阅——将会更好地取径其中。

如此漫长的智力跋涉总算走到了终点。这本访谈的目的便是向曼询问限制我们的社会结构，以及在这个并没有那么崭新的世纪中，我们还能拥有什么选择。必须澄清，尽管我的一些问题反映出我的确在 2010 年初就读了手稿，但我们的关切并不只集中在他的最后一卷上。相反，我们更关注当下的环境，并更为普遍地关注我们的生活机遇（life chance）。当然，这会牵涉或正面或负面的批评，这会让我们看清他著作中的假设。我坚定地希望，这些访谈能阐明他的整体著作，并启发我们去思考我们时代的性质。

　　我们有必要讲讲这册书是如何诞生的。这个主意来自剑桥大学和政体出版社（Polity Press）的约翰·汤普森（John Thompson），他渴望得知更多关于曼的新近工作和总体研究的意涵，他也对曼在剑桥的好几个夏季讲座印象颇深。我有机会在过去的许多年中参与曼的工作，也很乐意和他一起评论，看看他如何看待目前的权力。最初的访谈以文本中的结构为基础，2010年2月在洛杉矶进行。这是全书的核心。后来我们又进行了修订。采访是相当混乱的，至少这次如此，读者们或许会觉得这挺好玩。同一主题被多次提起，他在回答后面的问题时又会离题去回答前面的问题。因此，我们修订了文本，使它更具凝聚力，更有焦点，并有所补充。阅读最开始的访谈后，我们意识到了一些缺漏，也发现还有问题需要回答。于是在2010年6月我们又以书面形式进行了问答。虽然如此，访谈的整体特征还是保留下来了。在谈话中，我有时会重复一些随语境而改变的话题。我希望读者们会喜欢这种重复。

　　全书的结构在目录中就已清晰可见。第一部分专注于曼的社会学理论的核心，即权力的四种来源，并关注它们最近如何运作，在不远的将来又会如何运作。第二部分转向社会变迁的性质，考察它在过去如何影响我们，并在将来可能如何影响我们。第二部分的知识内容划分——关注国家和社会群体作为变迁的来源，考察新近的结果，并剖析我们这一世界的模式以及不断发挥作用的偶然性——由我自己提出。但对环境问题的强调则来自曼本人。我们可以在这方面走得更远。在最初的访谈中，曼显然想要更多地谈论环境问题。在其著作的尾声，这一具有反讽意味的悖论出现了。《来源》的最后一卷包含了很多关于进步的材料。欧洲似乎已经逃离了过去的恐怖，走向更为宁静、更为温和、更为去军事化的世界。然而在这希望的时刻，崭新的全球问题出现了，这可能会削减新近的成就。在成功的时刻，灾难亦若隐若现。

I   第一部分

变动中的权力

第一章　资本主义

约翰·A. 霍尔：我们从经济问题入手开始这场关于社会权力的来源的讨论吧。你的看法似乎是，资本主义作为现时主导的经济系统，已经根深蒂固。

迈克尔·曼：让我简要地将资本主义放在社会权力的来源中介绍。我的总体论点是，一共有意识形态、经济、军事和政治四种主要的权力来源。要处理宏观社会学问题，就必须将四者都考虑到。要分析漫长的 20 世纪乃至今日的世界，最为基础的社会制度便是资本主义和民族国家，即便资本主义曾与社会主义和法西斯生产模式竞争，即便居于主导地位的国家最初具有帝国之形，甚至其中一员现在依旧如此。因此，以全球化（这应是一个复数之词）为例，它牵涉到三种主要原理：资本主义的全球化、民族国家的全球化，以及第一个全球帝国即美利坚帝国的出现。资本主义引发了阶级斗争，而民族国家和帝国则引出了地缘政治、国家间的战争，有时还有内战。它们都会形成意识形态。在当今时代，意识形态以世俗为主，而非宗教形态。这便是我新近著作的主题，尤其是我即将完成的《社会权力的来源》第三卷的主题。

回到你具体的问题。的确，资本主义已深植于现代世界之中，并变得越发牢固。它已遍布世界，成为唯一的主导性经济力量。但资本主义亦随时间变化发生改变，并延伸至诸种变体。尤其是在今天较发达国家中，工人权利较之19世纪已有巨大进展。资本主义在发展中越发受到社会和法律约束。几乎所有人都已获得 T. H. 马歇尔（T. H. Marshall）所说的"社会公民身份"（social citizenship），即共享国家的（更准确地说是资本主义中的）社会经济生活的权利。[1]当然，私人占有生产工具，工人与对生产工具的掌控分离，社会生活越发商品化，并为逐利的资本家所图——以上诸种意义上的资本主义也依然存在。

约翰·A. 霍尔：面对2007年和2008年的经济危机，资本主义可能会比面对1929年的危机处理得更为有效。这是否意味着资本主义也变得更为稳固？

迈克尔·曼：或许吧，危机还没完呢。但比起1929年，资本主义显然已有两处改进。第一点，和1929年相比，政府在

---

[1] 在本书中，马歇尔所使用的三个术语，即公民权利（civil citizenship）、政治公民身份（political citizenship）和社会公民身份（social citizenship）的翻译参考了曼讨论马歇尔的《统治阶级的策略与公民身份》的译文。

管制方面发挥着更大的作用，因此他们更易利用已被透彻理解、成熟老练的政策进行干涉，并采取短期纠正行动。第二点或许更重要，那就是比起 1929 年，资本主义组织的国际合作已大大增加。20 世纪 30 年代的竞争性贬值和关税让世界经济恢复变得更为困难。还很难说经济会恢复得多快，但现在看来这只是场大衰退（great recession），还不至于是"大萧条"（Great Depression）[2]，很可能不像 1929 年的危机那样意义深远。资本主义也更为全球化，全球经济中的国际权力均衡发生了微妙转变，远离西方，趋向亚洲。现在领导复苏的是亚洲，而不是西方。这表明，资本主义在全球范围内变得更为稳固了，但也在全球范围内更为因地而异。

约翰·A. 霍尔：在这次危机之后，尤其是它被证明只是大衰退后，资本主义是否可能面临更严重的管制？贝拉克·奥巴马成为总统后，美国的银行一时间难以应对管制，但现在他们看来已能进行抵抗。

迈克尔·曼：我预计会有妥协。我觉得，美国的银行和英国的相比，的确稍为更难应付政治抵制。共和党和民主党都将"华尔街"（坏人）和"商业街"（普通美国人）对立起来。我认为，美国的管制会稍多。但除了这点，现在和 1929 年相比还有第三

[2] 萧条比衰退的程度更甚。GDP 连续两个季度出现负增长称为衰退，该年 GDP 较前一年萎缩 10% 以上则称为萧条。

个重要区别：无论实质组织还是意识形态，都再无对抗资本主义之物。1929年后，左翼和右翼反对势力风起云涌，如社会主义和法西斯主义。现在已看不到类似的情形了，这是资本主义更为根深蒂固的又一标志。未来管制很可能会稍微增加，在国家间稍有不同，并在略为增多的国际合作中进行。但正如我此前所说，我们西方人并未解决资本主义目前的问题。

现在主要的问题是金融资本角色更为重要，权力更为强大，以及经济日趋金融化。这意味着深陷债务和赤字的政府会觉得须要对国际金融资本让步。他们的货币或债券可能很容易遭受攻击。所以他们的政策更倾向于银行家而非其公民。某种程度上，其实情况一贯如此，例如我们也能在20世纪20年代的政治经济学中看到这样的情形。但现在事情愈演愈烈。凯恩斯主义式经济刺激计划迅速让位于削减赤字和通货膨胀，以保护货币与政府债券的价值——至少在欧洲如此。当务之急就是保护投资者的安全，而由此导致的失业率不必考虑。银行自身也反对过多管制。他们觉得已经找到了完美的解决办法：顺境时大赚一笔，逆境时得到紧急援助，资本主义便得救了。还有什么能像这样让他们获利却陷我们于水火？

约翰·A. 霍尔：如果现在已没多少新的管制，那我们大可想象，在未来还会有新的工具被创造出来，并带来危机——并再次引来紧急援助。

迈克尔·曼：是的，几年后，似乎很可能再爆发一场同样的危机。我们应该进入一个政府加强监管金融资本的时期，但我们未必能如愿。是权力而非效率统治了世界——用我的术语来说，是个体性权力统治了集体性权力[3]——但这并没有为人口总体带来最优效果。美国的债务其实是最多的，但因为它是储备货币，投机所带来的压力较小。而欧洲人——英镑和欧元，尤其是欧洲较为衰弱的经济体——则处于压力之中。政府正在对投机者让步，引入通缩政策，包括削减政府支出。许多经济学家认为这样会延长衰退，但他们的意见被忽略了。

现在政府担心主权债务多于一切。一旦股票市场崩溃，政府削减开支、紧缩信贷进而加剧金融动荡，使其酿成真正的萧条，"大萧条"重演就并非不可能。我认为，欧洲的保守派政府，如英国、意大利、法国和德国也在利用这次危机削减福利开支，这正是他们一直希望做的事情，但主要的压力还是来自市场，来自金融资本的动向。奇怪的是，由新自由主义引发的金融危机——经历短暂的凯恩斯主义解决方案后——反倒加强了新自由主义。更奇怪的是，和英国同为新自由主义之乡的美国，竟告诫欧洲人要警惕新自由主义。看来美国人似乎在这场大衰退中，比欧洲人吸取了更多教训。但是，我有必要重申，是权力而不是效率统治了世界。

---

[3] 迈克尔·曼的理论中，个体性权力（distributive power）与集体性权力（collective power）是权力组织方式所需的一对权力。前者如韦伯所述，"将其含义限定为针对他人实施控制"，帕森斯则指出权力的集体性质，即"人们在合作中能增进他们对于第三方或自然界的权力"。参见《社会权力的来源》第一卷。

约翰·A. 霍尔：目前贸易战争和竞争性贬值没有出现，和两次大战之间的时期大为不同。那么会不会出现区域性商业集团以及对自由贸易的持续攻击？

迈克尔·曼：我并不觉得这可能发生。这种可能性只在美国存在。可以想见，如果美国国内结成合适的政治联盟，就可能掀起反对自由贸易的浪潮，但这会损害美国大公司的利益，我很怀疑是否真会发生。如果你考虑到亚洲、美国、欧洲越发相互依赖，还有在亚洲其他地区的华人的重要角色，你会发现经济不是区域隔离的。三分之二个地球都已变得颇为互依，并且其中有一部分经济是跨越国界的。

约翰·A. 霍尔：这是否是因为仍旧是美国在控制资本主义？多重力量的联合是否依赖于霸权领导者？

迈克尔·曼：并不一定。没错，战后美国一直是国际组织的领导者，这一地位是逐步建立起来的。世界贸易组织（WTO）现在可以合法地约束国家在税率等方面的行动，美国也受到约束。事实上，美国被 WTO 罚过。因此，一套超越美国的秩序也在逐渐建立。事实上美国在经济事务方面受到的很多指责，比如结构调整方案[4]，其实全是欧洲人联合所为。有时候日本人而非

---

[4] 通常发展中国家若要国际货币基金组织（IMF）伸出援手，则必须接受其提出的结构调整方案（structural adjustment program）。这一方案常要求受援助国家取消补贴、社会福利、关税、贸易保护等 IMF 认为反市场的措施。

欧洲人也会偏离秩序。如果霸权秩序存在，那这并不只是美国一家的霸权。这也是国际资本主义的霸权，尤其是金融资本主义这一资本主义中最为跨越国际的形式的霸权。因此我将其视作双重霸权——既是阶级的霸权，也是美国地缘政治联盟的霸权。其中，美国的部分正在开始被侵蚀。尤其是我们现在看到美国与中国、日本及石油国家的经济日渐互相依赖。不只是美国，这些国家也将世界从衰退中拉出来。尤其是制造业和出口正在恢复的中国。

约翰·A. 霍尔：所以这是个混合的系统。如果没有美国，一切都不会发生，它的角色太过重要了，但这也需要多边协定使其发挥作用？

迈克尔·曼：是的，并且这种多边主义正在扩张。目前已出现一定程度的协调，而且几乎算是第一次集中在 G20 上。G20 已从一个财政部长会议升级为领导人峰会，其国家组成也反映了权力从传统西方国家和日本延伸到金砖四国——巴西、俄罗斯、印度，尤其是中国的发展——的态势。这是世界范围内地缘政治权力运动的标志。

约翰·A. 霍尔：也有论述反对你方才之言。美国依然有巨大的力量，它仍能吸取世界经济的大部分剩余资本。美国或许变弱了，但这是种独特的"弱"，其他占领导地位的国家仍会支持你。

迈克尔·曼：这是事实，权力的转移也要耗费漫长的时间。美元在好一段时间里都还会是储备货币。目前还没有可能的替代品。欧元已经开始疲软。除了德意志联邦银行，已经没有主导的力量了，但即便是德意志联邦银行也还不能领导整片大陆。希腊得到了紧急援助，但主要是从德国拿到的，过程充满政治上的忧虑，也并不是自动发生的。更重要的是，更广泛的欧洲民族经济能否从德国接受这样的援助现在还不明确。而中国货币还在不同方面受到管控和限制。美国未来还会保有不可或缺的经济权力。

约翰·A. 霍尔：就真的没人想把美国赶下台吗？

迈克尔·曼：没有。世界经济得益于稳定的储备货币，其主要参与者是厌恶风险的。他们并不想经受从美元到一篮子货币转变的混乱过程，这是他们一直担忧的。这一转变最终会发生，但多数相关的权力行动者希望这会是缓和的、更漫长的过程。

约翰·A. 霍尔：所以说，这一情形和 20 世纪初英国的情况并不一样，当时英国在经济和军事上都面临巨大竞争。

迈克尔·曼：没错。但就英国而言，在德国还没变成严重威胁之前，英镑作为储备货币仍有赖于其他重要银行的支持，包括德国银行、俄国银行和法国银行。正如巴里·艾肯格林（Barry Eichengreen）等学者指出，当德国的竞争还没形成军事威胁时，就已形成了一个局部的多边系统。

约翰·A. 霍尔：反观英国，它最后被军事消耗和战争招致的巨额债务打败了。

迈克尔·曼：是的。这并不纯然出于资本主义内在的发展逻辑。因为战争不是资本主义的产物，而是传统大国间竞争的产物。

约翰·A. 霍尔：我想进一步就美国现有的经济力量提问。专利方面的报告似乎表明，美国依旧在生产链的顶端做得很好。进一步说，美国拥有吸引人才的卓越能力，近来它尤其注重吸引印度工程师。显然，美国资本主义看起来依然相当强大？

迈克尔·曼：我一直怀疑，专利方面的数据是否会存在偏差，毕竟是美国人发展了专利系统，并且他们马上搞起专利方面的事情，因此美国专利的数量领先世界。我并不知道美国事实上多大程度统治了新科技和高利润科技。和你一样，我猜测，美国的部分领先地位来源于相对开放的移民政策以及优秀的大学。如你所说，在美国，工程系研究生里没有多少美国白人，他们大都是亚洲人和其他外国学生，是亚裔美国人或新移民，他们大多数人都留了下来并取得了成功，这点是很重要的。如果你看看诺贝尔奖得主的族系出身，那么美国并不是人均得主最多的——榜首属于瑞典和瑞士。

约翰·A.霍尔：然而，部分来自瑞典、瑞士等地的诺贝尔奖得主最后都在美国工作了。

迈克尔·曼：确实。美国同时还为高科技企业提供大量的政府资助。其中一部分是军事的副产品，一部分是联邦政府对高科技的投入。这和美国"政府对企业的管制和干涉极少"的国家形象不符。在国防领域以及更常见的高科技领域，政府对研发的赞助水平非常之高。

约翰·A.霍尔：我还想谈谈资本家的行动。你的著作让人感觉你对资本主义者相当失望：他们将时间花在赚钱上，缺乏更宽广的地缘政治视野。你对此有无改观？

迈克尔·曼：我并没说得那么严重，但思路大体如此。当然，资本主义者拥有合作的机制，如智库和世界经济论坛，部分主要企业如能源企业还会提前做好多年的规划。但除非涉及自身的盈亏，否则他们不会在地缘政治和外交政策上发挥多大作用。商业游说存在于涉及某些国家的外交政策。但总体来说，我并不认为资本主义整体的观念或利益能决定外交政策的方向。

约翰·A.霍尔：我想说的另一个问题是，如果能更多考虑经济的好坏，那么世界或许会更为安全。比起杀人无数的纯粹权力，这是种更为温和的语言。

迈克尔·曼：我认为这在某种程度上是对的，至少在发达国家和成功的发展中国家如此——尽管很多资本家仍在使用强制形式的劳工。资本家们处理投入和产出的问题，而这是可计算的，他们显然十分努力地计算利润和损失，因此，比起国家精英和被精英动员的政治选民，他们要更为着重于理性行动。20世纪中有那么多被情感驱使的非理性外交政策，而且今天美国及其敌人仍延续了这一点。我倾向于认为，大部分情况下资本家都不希望发生战争。如果国家听从资本家的话，他们可能就不会打那么多仗。

约翰·A. 霍尔：我想暂时退而不谈资本主义模型的胜利，而是谈谈苏联东欧体制的失败。我们能否简单概括：非市场体系无法运作？

迈克尔·曼：首先，迪特·森格快斯（Dieter Senghaas）、琳达·韦斯（Linda Weiss）、约翰·霍布森（John Hobson）、张夏准（Ha-Joon Chang）还有阿图尔·科里（Atul Kohli）这些人的研究都表明，除了18、19世纪的英国这一可能的例外，经济的成功发展并不全然算是自由市场的结果。从早期德国、美国到日本、亚洲四小龙再到印度，发展最为迅速的资本主义经济全都享受高强度的政府保护、刺激以及全面协调。

同时，国家社会主义在追赶工业化阶段的全盛期享受了经济上的成功。20世纪30年代到60年代苏联的 GDP 增长远超同时期日本以外的任何一个国家。巴里·诺顿（Barry Naughton）也已向我们展示了，中国后来通过"计划外发展"（grew out from the plan）实现了经济增长。

以百万人死亡为代价的 GDP 增长对其公民并无益处。然而，它们至少都学会了不要再让这样的事情发生，越南也从它们身上学到了如何在发展中避免惨祸。第一次和第二次工业革命似已展示了美好经济前景，而集中计划可以加速工业化进程。这尤其需要农业盈余以及工业投资支持，威权政府在这方面自有优势。在工业化时期，国家社会主义取得了成功。

但苏联政权从未成功超越工业时期进入后工业主义，在后工业主义时期国家计划似乎不合时宜。自 70 年代起，其经济陷入停滞。中国和越南从中学到，既要去中心化和市场化，同时也要保持一定程度的中央控制。我们还不知道其未来的增长是会在目前这一高度混合财产所有权形式的框架下维持，还是会选择市场资本主义的一种新形式。但熊彼特（Schumpeter）指出，资本主义尤其擅长他所谓的"创造性破坏"（creative destruction），也就是做出改变，历经危机进入新的经济阶段的能力，这似乎正是去中心化、竞争性的经济（如资本主义）的显著能力。

但世界看待事物要更为简单——苏联东欧失败了，西方世界成功了。比起其他更为微妙深刻的看法，这种观念在世界范围内要更占优势。因此计划经济体制作为一种理想已经奄奄一息。但我个人最后的判断有所不同：计划体制的政治失败要多于经济失败。它们迅速且似乎不可避免地走向了威权主义，因为它从来没有让征服一切的先锋队组织将权力交给更为民主的力量的机制。

约翰·A. 霍尔：但资本主义真的是场上唯一的玩家吗？当代中国的成功似乎表明国家导向的政治经济拥有出乎意料的、更明朗的未来。

迈克尔·曼：资本主义几乎是唯一在场的玩家了。中国的游戏有一些不同，因为它既有执政党的集中计划，也有企业相对独立的市场行动，而企业本身就是私有财产和当地国有财产的结合。它还不算是资本主义，它甚至可能并没有在通往资本主义的路上。中国那些具资本主义特征的制度如证券交易都并非独立运作，在本质上也不是资本主义。中国共产党在过去的两年里展示了，它只要愿意，就能将巨大的资源投入基础设施项目和替代性能源技术，这是资本主义经济体制政府无法做到的。这也不是托洛茨基意义上的国家资本主义，因为经济并不由一体化的国家精英控制。它掌控了百分之十的世界经济，这一百分比在接下来的两个十年中很可能会翻倍。

我认为，大多数中国人会相信中国从国家社会主义出发的转型已经颇接近最佳状态。许多人想要多生小孩，理想的情况下他们想要更多公民权利和政治自由，但他们看起来也情愿用这些东西来换取持续的繁荣增长和稳定的社会秩序。这一组合被城乡不平等、区域不平等和阶级不平等的剧增困扰。领导人意识到要扭转这种趋势，但他们既要保证增长，又要保证对干部的控制，我们尚不清楚他们能否做到。

约翰·A. 霍尔：这是否和市场在后共产主义社会中的扩散形成对照？

迈克尔·曼：俄罗斯的故事完全不同。俄罗斯的转型是走向资本主义。过程同样很迅猛，并牵涉到个人（尤其是之前的党内官员）对公共财产的大规模掠夺。这在最开始并没带来增长，而是导致了衰退。后来俄罗斯的增长建立在自然能源资源的基础上。这导致了巨大的不平等。普京之所以如此受欢迎，是因为他在混乱中提供了最低限度的秩序，他似乎扮演了新的资本主义寡头。新自由主义在这失败的故事中扮演了重要的角色，但人们必须承认，俄罗斯的转型要比中国的转型更难，因为其经济被低效的工业巨头把持。新自由主义者回应失败的指控，声称他们的模式从未被充分利用。这陈述的后半部分是对的，因为实用主义的政客意识到要是他们采用了完全的新自由主义建议，他们就没法掌权了。

但从苏联到俄罗斯的转型揭示出，将经济生产模式视作首要且自足之物，忽视由其他社会权力衍生的先决条件，这一模式会走向失败。在这样的情况下，政治权力至关重要。中国共产党维持了政治权力，得以成功转型。相反，苏共被有意解散了。它很快走向衰落，笨拙的转型开始了。

约翰·A. 霍尔：在这资本主义新霸权的世界秩序中，贫困的国家有何发展机会？

迈克尔·曼：面对过去40年，我们现在显然可以对很多方面表示乐观。很多国家取得了发展。不只是著名的金砖四国，还包括整个东南亚、东欧、土耳其还有南非、博茨瓦纳、乌干达、阿尔及利亚、尼日利亚等国家。在"非洲社会主义"和新自由主义失败后，似乎根据当地资源变化的、国家协调资本主义发展的混合模式会更具合法性，更为成功，不过显然在世界的不同角落形式会有所不同。我们最后可能进入一种接近全球性（near-global）的经济。

约翰·A. 霍尔：我还有最后一个问题。我们所谈论的东西，在多大程度上是资本主义？这一整体体系肯定是美国主导的吧？我们是否应该记住卡尔·波兰尼（Karl Polanyi）和梅纳德·凯恩斯强调的，即市场是如何由国家铸造的？

迈克尔·曼：这仍是资本主义，尽管在发达的国家这是种改良版的资本主义：工人和共同体夺取了权利。世界体系并不全由美国主导，因为它实际上包含三种主要元素：跨国界的元素、国族的（因而也是国际的）元素，以及美帝国主义。实际上，第四种元素也浮出水面，即"宏观区域的"（marco-regional），因而北欧国家的资本主义和英语国家的资本主义各有其独特风格。关于"资本主义的多样性"有很多争论，却远未解决。但我想我们大可认为，特定的国族和宏观区域模式可以抵抗由资本主义逃逸国族边界造成的压力，以及美元和美国主导的国际机构所带来的压力。

　　时日长久，某些变化也变得明显，正如波兰尼指出的，计划与市场之间的张力似乎是循环的。然而，情况并不如他所料想的那么规律，因为这来源于每个时期相对独特的间隙出现[5]，国家管制增强能否解决问题这一点也不明晰。我们在20世纪20年代被经济和地缘政治危机的缠绕困扰，在70年代被跨国金融资本网络的间隙出现困扰，在21世纪初则被出人意料的资本主义环境破坏困扰。第一场危机被以"凯恩斯主义"之名的加强管制解决；第二场危机还伴随着我们，资本主义者的市场利益仍在和更强的国家规制做顽强斗争；第三场危机或许会以灾难而不是计划结束。我们后面会提到这场危机。

[5] 曼提出了"间隙出现"（interstitial emergence）的概念，这是"人类目标转换成组织手段的结果"，因此"人类造就的不是单一社会，而是多样的社会相互作用的交叉网络"。如资产阶级是"在间隙"兴起的，资产阶级革命没有改变现存社会的性质，却创造了新的社会。见《社会权力的来源》第一卷。

第二章　军事主义

约翰·A. 霍尔："革命"一词已被滥用，至少肯定是被过度使用了。但在军事方面，一场革命的的确确发生了。你是否认同，核武器的发明从本质上改变了战争的性质？

迈克尔·曼：是的。然而主要的危机或多或少已成功解决。原子弹和氢弹是第一件真正具有独特社会学意义的全球化事件。全球化已掀起大潮，它是重要的，但它在许多方面并不具有独特的社会学意味，因为它只是展示了我们过去分析过的各种社会结构。看看关于全球化的文献，它们仍然关注阶级、企业、国家、人口转型、唯心主义与唯物主义之争、结构同一性与多元认同之争，不一而足。但一旦人类的活动压倒了这个世界，并且又像回力镖一样反作用于人类社会，改变行动的条件，我们就需要不同的理论了。这时全球化本身因此变得重要。可以毁灭世界的武器是第一个例证，而人为气候变迁成为第二个回力镖效应。

核武器改变了战争的性质，改变了许多国家的性质。这并不意味着不会再有战争，因为人类并不总是理性的。过去曾可能爆发核战争，但国家精英们施加约束避免掉了。这场全球化危机并未发生，它被避免了，相比起"大萧条"、大衰退和两次世界大战，这可谓人性的胜利。在冷战期间，从美苏领导人的行动中还是能看到伟大的良知。一旦对抗到达危险的层级，它就会震慑到他们，他们会做出反应。这包括古巴导弹危机中的肯尼迪和赫鲁晓夫，以及1983年北大西洋公约组织"优秀射手"演习激发起苏联惊恐反应时的里根和戈尔巴乔夫。当然，他们能更好地理解对方，因为场上只有他们俩。不像导致两次世界大战的多重强国格局，不会存在连锁行动，也不会有未预料到的反应。和冷战的其余事物相比，核战争自身的威胁也较好处理，它并不会激发资本主义和社会主义之间的竞争。战争会打击到它们两者。因此它们可以专门地处理这单一的、具有潜在毁灭性的威胁。

事实上，迄今，核武器使领导人变得理智。国家拥有了核武器后，倾向于调整其外交政策，正如印度和巴基斯坦的案例——这也是两国间的简单对抗。这并不是1950年以来国家间战争大幅减少的唯一原因，但这是很重要的原因。相对发达的国家的支柱不再是财政军事联结（fiscal-military nexus）——这是我和查尔斯·蒂利（Charles Tilly）等学者此前所强调的。这是 20 世纪下半叶最好的新闻。

这也带来了社会因果关系的重要变革。在 20 世纪的上半叶，社会发展被全民动员的战争深刻影响。如果没有两次世界大战，那么很可能不会有法西斯主义者和共产主义政权（只会有失败的革命），不会有强大的美利坚帝国，没有单一的储备货币，在自由国家中社会公民身份的变奏也会更为单一，或许也不会有核武器或诸如此类的其他科技，或许会有更多的多民族国家，或许欧洲大陆不会有社会民主主义和基督教民主的妥协——继续说下去的话，这些反事实就越发不可信，但它们需要被小心地检验（正如我在第三卷中所为）。说到资本主义发展、民主以及民族国家之后的全球化，社会学家偏爱更为简单的演进故事，但当施展这种理论技术时，他们必然会戴上简化问题、趋向和平的有色眼镜看待世界。如果现在发生了一场大战，它会毁灭世界，至少是其中的大部分。没有这场战争，或许我们第一次可以拥有更为简单、更为理性、更为和平的社会发展模式。

约翰·A. 霍尔：还有一个问题是核武器扩散的可能性。你已提出，伊朗可能想要核武器，因为美国不会攻击拥有它们的国家，比如朝鲜。因此很有可能更多国家希望得到它。拥有核武器其实是没意义的，至少在逻辑上如此，因为使用核武器会带来彻底的毁灭。这是否让你对核武器问题更为乐观？抑或核武器还是让你很恐惧？它们被用过两次后就没被使用过了。你是否担心它们会被再次使用？

迈克尔·曼：核武器扩散意味着我们越来越依赖于领导者的理性。启动核武器永远不会是理智的，因为这马上会带来毁灭性的报复。但仍存在两个噩梦般的情形。一个是那些献身于意识形态，用马克斯·韦伯的话来说就是"价值理性"的领袖（他们为追求自己的目标，会放弃其他考虑），他们可能会在置身大麻烦时启动核武器（或生化武器）。另一个，这些武器可能被盗窃，被单纯追寻价值理性的非国家组织（比如基地组织）使用。这也是今日的政客所担忧的，这些担忧是对的。最好的方法是收买潜在的扩散者或与他们做朋友。美国及其盟友有解决这个问题的能力，尽管在中东这需要激进的政治变革。

约翰·A. 霍尔：就军事权力而言，我们处在一个奇怪的境地。强国拥有毁灭性的武器，但它们不能被使用。因此，世界的军事平衡是否已经被彻底改变了，还是说强国依旧处于军事上的领先地位？

迈克尔·曼：即使不能使用核武器，强国，特别是美国，依旧处于军事的领先地位——这还是说得婉转了。比起它的任何潜在对手，美国在几乎所有技术层级上都拥有更多强力武器。它的军事支出占据了世界军事经费的48%。如果加上其盟友的花费，这一数字将会上升到73%。在这个高科技武器系统的时代，这几乎形成了垄断。美国可以从其非同寻常的全球基地网络出发打击任何敌人，正如查默斯·约翰逊（Chalmers Johnson）所强调的。

美国具有毁灭性力量，但问题是，这是否是一种独特的、有用的军事能力。它要实现什么？这不仅是国防的问题。国防只要其目前军事规模的一半就能做到了。其动机是更为扩张主义的。它首先要保证拥有世界上足以维持其经济增长的资源，因此石油和天然气是当务之急。然而，要得到石油，最好的方法仍然是和石油生产国保持友好关系（美国选择性地进行这一步，它交好的都是保守政权）。其次，美国以一种传统的帝国主义模式想要让其他国家屈从其意志。这一理念的最好见证便是美国领导者的观念，他们认为诱发政权变革（尤其是那些敌对的国家）可以让它们更为和平、更为民主。

这当然是一种传统的帝国使命表达。古罗马帝国的人说他们将秩序与正义带到了被征服之地；西班牙人认为自己带来了上帝的言辞；英国人认为自己带去了自由贸易；法国呢，则是"文明化使命"（la mission civilisatrice）；现在美国所许诺的是民主和自由企业。这并不只是小布什政府新近的想法，还是整个美国地缘政治体制的观念——这在美国以外尚未被广泛认识到。重要杂志《外交》（Foreign Affairs）上一篇又一篇文章都在重复一个假定，即美国对"世界秩序"负有"美国的责任"。尽管在军事干涉的程度、美国能否将民主带给世界等方面仍有分歧，联邦政府中也有人认为"对恐怖主义的战争"适得其反，但没人会怀疑这一点：美国应该拥有压倒性的军事力量，而这力量必须被用于崇高的目标。

这些目标能够实现吗？可以，但必须达成这一真切共识：当种族清洗或程度较低的集体屠杀发生时，这压倒性的武力可以被使用来制止暴力，也能够发挥其作用。在当前，稍微要干涉某些权力，都必须由美国领导。然而，"可以"意味着必须有一个可替代的当地政府，它必须拥有广泛支持，可以替代被消灭的政权。越南军队成功入侵了柬埔寨，推翻了波尔布特，终结了集体屠杀，并任命了一个得到广泛支持，可以稳定统治的附庸政府。他们之所以如此行动，是因为波尔布特正在杀害柬埔寨的越南少数群体，后来甚至莽撞地侵略越南领土。美国领导的北约在干涉南斯拉夫后，也留下了在当地受到支持的波什尼亚克族和科索沃阿族政权。

但这一要求并不总能满足。美国能战胜某一政权的权力是毋庸置疑的。尽管我们认为2003年侵略伊拉克是一场灾难，但萨达姆·侯赛因还有他的朋党还是被推翻并被杀死了。人们或许会认为，其他敌对国家会从中得到明显的教训，小心地不要和美国作对——尽管这并没能阻止伊朗。但人们也会怀疑，美国的军事支配带来的仅仅是威慑吗？伊拉克现在的政权是否更好？侵略和占领造成的伊拉克伤亡人数或许和被萨达姆迫害的人数一样多，甚至更多，并且现在在民族／宗教方面也更不稳定。伊拉克进行了选举，但这是民族／宗教的公决，他们关心的是哪个群体可以控制国家。美国没得到更多石油，也没控制住石油企业。更重要的是，侵略和占领增加了恐怖主义威胁，而不是有效地对此做回应，就和持续占领阿富汗的情况一样——后者显然是个无可救药的案例。

这一失败有一个很基本的理由，我已在《不连贯的帝国》中提出了。美国的领导者很清楚，帝国不再具合法性，他们激烈否认自己是帝国主义者。民族主义是世界上主导性的意识形态，这包含了排斥外国权力入侵的民族自决理想。在冷战的日子里，干涉还是可能的，有时还会受欢迎，这一时期美国总能在当地找到喜欢资本主义多于社会主义的盟友。事实上，第三世界左翼通常只希望实现社会民主主义，但美国也不会允许他们这样做。现在意识形态的维度已几乎不存在。和美国合作会在当地被谴责为国家叛徒（有时还会被认为是背叛信仰）。在伊拉克，美国最忠诚的盟友是库尔德人，但他们的忠诚严重取决于他们能否获得（有石油的）民族国家的身份，事实上他们在这方面正在取得进展。但决定他们的政权是否是民主的、他们是否拥有"自由企业"的因素，将是他们自身的政治进程，而非美国。

美国拥有毁灭性的军事权力，但它并没有拥有重建能力的政治权力和意识形态权力。目前，没有美国政客，也没几个华盛顿智库知识分子接受这一点。"责任"阻碍了他们，撤退的"丢脸"也是不可接受的。情感化考虑在地缘政治中关系重大，这会让领导人更喜战争而不是打退堂鼓。在这个层面上，阿富汗对于奥巴马而言，就像越南之于林登·约翰逊一样。难道我们不应注意到，尽管此时面临财政危机，政客们叫嚷着赤字必须被消灭，美国两党的政治家们还是保证不会削减早已过度膨胀的军事开支？对恐怖主义的战争已经变得如此牢固，混杂着对地位和安全的情感恐惧，以致我们至今没能结束战争，尽管它在很大程度上已经变得不再理性。

约翰·A. 霍尔：然而，美国还是可以负担起军事开支。算上中情局还有战争特别债券的隐形费用，其开销甚至达到每年1万亿美元。但这1万亿美元出自一个每年规模可达14万亿到15万亿美元的经济体。这在 GDP 中的比重远低于朝鲜战争时期，也远低于苏联任一时期的军费开支，而且美国一部分军费开支还流入了高科技投资。削减了军费还可能会有经济问题，因为这其中涉及的军事凯恩斯主义被削弱了。总而言之，我并不认为美国的高度军事参与有损于其经济成功。

迈克尔·曼：只要国外资本持续进入，美元的铸币税持续买单，美国就能支撑得起军事开支，否则美国人得付更高的税来买单，而这在政治上或许是不可能的。与此同时，如你所说，美国可以轻松地支付军费开支，尽管它也能同样轻松地削减开支。大多数经济学家认为，高额军费开支对经济增长不是必要的——军事凯恩斯主义已经好几十年都没能起作用了。20世纪90年代美国军费曾经削减了近乎三分之一，但这对经济几乎没有什么严重影响。这种状况可以重现，然而现在不会发生，因为美国人想要安全感，却没意识到他们事实上有多安全，以及另一种更简单、更省钱的政策能让他们变得更安全。另一个原因是，在政治层面军事支出是根深蒂固的。当提出任何新的大型军事项目时，五角大楼都会刻意让各种研究、军事生产和军事基础设施遍布尽可能多的州和国会选区。B-2 炸弹就是在 22 个州生产的。这为国会赢得了更多支持。

约翰·A. 霍尔：当然，这些数字在一个重要的层面上是有误导性的。战场上的美国士兵花费甚多，而山区里的阿富汗人的武装极为有限，耗费甚少。所以在这个意义上讲，是不是弱者有极为显著的能力来抵抗这个巨大的军事机器？

迈克尔·曼：目前，阿富汗武装每个月都能对北约军队造成越来越多的伤亡——2010 年已超过 700 人，这是自 2001 年的占领以来最高的年总数。事实上，在第二次世界大战后的整个时期，游击战在对抗武器更精湛的国家方面取得了卓越成就。马丁·万·克列威尔德（Martin Van Creveld）已经展示了这一点。但你说得对，美国士兵十分昂贵。其中一个原因是，在美国，作战部队的比例并没有世界上其他武装力量中那么高。这背后是对美国士兵的高级别保护。美国并不愿意将其士兵投入危险的境地。他们的生命是神圣的。他们独自面对游击队发生低强度攻击的次数屈指可数。一旦开火，他们便可马上召来空中支援。事实上，这样的军事力量此前从未出现，这很有趣：美国投入战争，公众似乎或多或少都支持，但他们拒绝接受其公民被杀害。

这是种观赏性体育式的军事主义。这或许会带来美国可能的重要弱点之一：敌人坚信只要比我们耗得久，他们就会胜利。最终我们会撤退，因为我们忍受不了伤亡。对于某些北约盟友而言，这在阿富汗和伊拉克已经成为现实。这只是军事上的弱点。这是种规范性的力量，是文明国家的标志。

约翰·A. 霍尔：因此美国可以发动打击，可以使敌人畏惧，最终却无法实现控制，这是因为其实它没有可以真正重建局面的地面部队？

迈克尔·曼：它可以推翻政权，但它无法重建。这与其说是部队数量的问题，倒不如说是意识形态和政治合法性的问题。

约翰·A. 霍尔：我有一个稍微不同的军事权力方面的问题。你经常使用"军事主义"这个词。我想你是在两种意义上使用。最明显的是，你认为社会中的军事元素有一定的自主性。这在引入新的战争科技（如二轮战车）的历史中可以看到，你也展示了在19世纪末某些军官队伍拥有不受国家控制的自主权。但你还会使用"军事主义"这个词来描述这样一种态度：战争是可行的，甚至是值得拥有的。你会在这两方面使用这个词，这样概括是否正确？

迈克尔·曼：是这样。自主的军事阶级形成了你所说的第一种军事主义，这在今天多发于稍落后的国家。我们会在非洲见到，也会在南美洲、中美洲和中东看到——尽管程度有所下降。许多学者都分析过这样的政权，我也不会说这是崭新的东西。但在第三卷中，我试图使用第二种意义的军事主义，放在不常使用该词的语境中，它会带有贬义，比如用它来形容1914年的欧洲社会或最近的美国政治。它们是"军事主义的"，有昂贵的军事武力，并被用于我所说的"外交的默认模式"。没有哪个词能比"军事主义"更好地描述这种高昂的军事力量。

在这样的情境中，领导乃至大众有时候都会将战争看作解决外交问题的正常乃至体面的途径。在今天的美国，人们当然不喜欢用这个词形容他们的国家。但这个国家陷入无谓的战争将近十年，杀害了成千上万的公民，拒绝减少惊人的军费，这时他们必须震惊地意识到，这是对其国家的精准描述——一个文明国家绝对不应有如此作为。

约翰·A. 霍尔：我关心这个问题的原因很简单。一些军事精英拥有自主权，并且喜欢打仗。但也存在这种情况：对士兵来说，他们毕竟是会在战斗中丧生的，因此他们其实变得比许多公民更谨慎。我想到的是两种截然不同的态度：一是在小布什总统任期之初那些重要的浪漫平民知识分子所持有的军事主义；二是曾经的士兵，如克林·鲍威尔持有的相对谨慎态度——尽管他对这些知识分子的抵抗并没能持续太久。有时候我想，最伟大的军事主义者是浪漫的、具有地缘政治倾向的知识分子。

迈克尔·曼：我觉得并不只是知识分子。政客也是如此。就在第一次世界大战前，德国、法国、英国、俄国的政治家都没有发表军事主义的演讲，但战争动员一直在可能的外交举措中名列前茅，他们也相信战争是达成政治目标的有效方法。他们习惯于在殖民地定期大动干戈。1870 年到 1914 年间，英国、法国和荷兰进行了 100 场战争，几乎全发生在殖民地。欧洲的儿童会阅读那些称赞士兵、水手、殖民地官员英雄主义的冒险故事。在这种文化中，战争被正常化了。

对将军们来说，他们有时候会更为谨慎，有时候则未必。日本军官带领日本冲进了中国和太平洋战争。麦克阿瑟让其士兵在鸭绿江撒尿，激起了在朝鲜的中国人的报复。身处越南南方的美国将军想对越南北方大干一场。没错，鲍威尔奉行十分谨慎的"鲍威尔信条"；在小布什政府中，在布什的政策生效前，将军会被排除出去。希特勒的军官也是这样。但作为整体的士兵对战争已不再谨慎。这是他们的训练，是他们得到提升、提高地位的方法，是证明他们不可或缺的办法。

约翰·A. 霍尔：这些年你的著作发生了变化，我想总体来说可以评论为你并不赞同军事主义。

迈克尔·曼：对于当代而言，这当然是毫无疑问的，战争极具毁灭力，不能轻易使用。这也让我想到我写过的罗马帝国。我对其军事成就是否评价得过于正面了？另一方面，我当时所强调的，是古罗马军团作为建设性部队促进了经济的发展。我同时强调罗马授予其侵略之地公民权的意愿。相反，当代帝国的种族主义阻止它们将公民权赋予被征服的人们。除了要不是因为短命很可能会颇为棘手的日本帝国以及大量屠杀当地居民的白人殖民者，经济发展和现代帝国并无联系。

约翰·A. 霍尔：但是当时塔西佗记录下了不列颠首领卡加库斯（Calgacus）在战争前对其战士说的话："他们抢劫、屠杀、掠夺、以帝国之名虚饰；他们造就了荒僻，却把这叫作和平。"

迈克尔·曼：征服的初始阶段是所有帝国的缺陷。但罗马帝国的治理比英国和法国做得好。

约翰·A. 霍尔：我最后还有一个概要性的问题。你对此前社会变迁的解释强调军事竞争的影响——征税和征兵的需求，最终导向了不同形式的动员反抗。你现在是否认为，这种社会动力的来源已经失去意义？这意味着什么？

迈克尔·曼：我现在会比以前更强调小国家之间的财政－军事竞争，这是早期现代"欧洲奇迹"的关键。它使得欧洲人可以走出去征服世界的许多地方，而在欧洲它又导致了要求"无代表，不纳税"的大众动员反抗。帝国主义在殖民地是否带来益处是另一个问题。但最后在 20 世纪，欧洲人（还有日本人）的军事主义让他们在地缘政治上走向衰落。世界大战、核武器还有军事科技的持续发展或多或少终结了军事竞争在总体社会发展中的作用。朝鲜战争之后，军事凯恩斯主义已经不起作用。在更穷困的国家，第二次世界大战后内战频发，直到20世纪90年代才有幸稳定下来，这些内战对这些国家而言是坏消息。战争已经不再能提供积极的东西，只是有时它会成为两害相权取其轻的选择。

第三章　政治权力

约翰·A.霍尔：值得一提的是，你对20世纪的思考主要集中在帝国与民族国家的辩证关系上，同时你也关注20世纪资本主义模式的胜利。我能否这样说：你认为帝国时光再也不会出现，民族国家成为世界上主要的政治形式？

迈克尔·曼：我会对此进行限定，因为美国还是帝国。它是唯一尚存的帝国，也是有史以来唯一的全球帝国。在某些方面，它是最为强大的，尤其是在军事权力方面。但在其他方面，和历史上许多帝国相比它又很脆弱，主要因为它在其征服之地失去了意识形态合法性以及政治支持。它尚未衰落。但它会衰落，尤其当美元不再是世界的储备货币时。世界体系理论的理论家们数十年来都在预言其衰落，他们最后会如愿以偿。这之后我们会拥有一个民族国家的体系，美国仍会是最强大的。但那时，民族国家体系内部也是不平等的。

　　约翰·A. 霍尔：帝国权力显然存在不同的等级。我们不妨用英国的个案来谈论世界体系。大不列颠从阿根廷得到了巨大的经济利益，而后者并不是帝国的正式部分；它还拥有忠诚的白人自治领，这些殖民地拥有共同的民族主义情感；还有印度的关键角色；无数非洲殖民地屈从于其间接的统治。美国有点类似这样，不是吗？

　　迈克尔·曼：我们必须明确美国是什么样的帝国。所有的帝国都有不同的规则模式。历史学家们的传统是辨别帝国的三种形式：直接的、间接的、非正式的。这些都是理想类型，因为现实中的帝国会因地制宜，混合理想型中的两种乃至三种特征。前两种类型包含殖民地，第三种则不包括。我在这传统模型中补充了非正式帝国的不同形式，而区分的依据是其权力是通过军事还是经济形式操演出来的。我们还必须加入"霸权"，这是种更轻盈的统治形式，人们对它的感受并不是强迫性的，甚或不是帝国主义的。[1] 帝国的本质是"核心与边缘"的概念，

---

[1] 在曼看来，帝国可分为五种类型："（一）直接帝国。核心通过军事手段征服边缘，并将其纳入自己的政治版图。（二）间接帝国。在边缘保持自治的同时，核心对边缘宣称政治主权。（三）非正式帝国。边缘享有主权，但经常受到来自核心的表现为军事干预或军事代理的压力，甚至恫吓。（四）经济帝国主义。拥有主权的边缘受到核心基于经济强制手段的威吓。（五）霸权。核心对位于边缘的主权国家的领导受到后者的认可，并得到常规化。"参见李钧鹏：《迈克尔·曼与批判社会学》。

核心优于边缘、威胁边缘。

美国因为第二次世界大战（以及希特勒的愚蠢）突然成为局部的全球帝国。但就它在战后与欧洲和日本的关系以及随后与东亚的关系而言，它并没有真的实行强制。在这些地区，它被接受为领导者，因此成为霸权权力而非帝国权力。没错，其中存在经济强制的元素，其他国家在用美元补贴美国，他们也知道这点。但他们接受这是世界运转的方式。

约翰·A. 霍尔：这就是失去军事自主权后要付出的代价！

迈克尔·曼：虽然现在它已不能对欧洲形成真正的威胁，但欧洲人仍愿意买单，因为这是他们的资本主义运作的方式；这也是他们体系的一部分。在世界的其他地方，美国则仍保持着军事权力。它一直在干涉，有时候偷偷摸摸，有时候光明正大，并且它有宏大的具备威胁性的全球基地体系作为后盾。我认为美国仍然是帝国，尽管在世界的许多地方，其统治已不再是强制性的。在亚洲出现了强制逐渐减少的趋势。美国打了两场大仗——朝鲜战争和越南战争，但长远的结果是这些地区的和平，并且它们被带入美国领导的世界经济中。当然，共产主义国家过去并不受其支配，中国现在也不受其支配，并且也还存在一些相对自主的重要国家，比如印度和印度尼西亚。所以它还不是一个全球帝国。

约翰·A. 霍尔：我想再问问美国权力的问题，因为我觉得它颇具适应的潜力。即使你前面说的是对的，帝国的负担会带来问题，显然美国也还可以调整其外交政策。它在越南输掉了战争，但越南现在进入了世界资本主义系统！难道不能以非疆域化的帝国形式用更小的代价实现控制吗？所以如果美国不进行愚蠢的军事冒险，其帝国触角怎么会无法维持？

迈克尔·曼：美利坚帝国还可以维持一阵，但从长期来看，它在经济地位上的相对衰落会威胁到其整体权力等级。1950年的美国在世界经济中占据着令其他国家望尘莫及的比例，但从那之后显然它已进入相对的衰落时期，自20世纪70年代到现在，它所占的经济比例一直稳定在世界 GDP 的 20%~25%。但现在因为其他国家的成功，其比例正开始下降。印度和中国的力量正在对这样的比例造成冲击。最终，储备货币将不再是美元，而是包含美元的一篮子货币。现在还不是如此，或许未来20年也还不会。那时美国会开始询问自己是否还能负担起军队，是否能达成伟大的目标。除非中国改变其关注点，变得在军事上更加强大，否则我认为美利坚帝国将会衰落。如果中国变得更为军事主义，那么其他亚洲国家或许会向美国寻求援助，这样带来的会是霸权的持续而不是帝国。但随后这些国家之间还会有冲突，美国很可能会干涉那些反对建立对抗中国的新东亚军防体系的团体——正如在冷战中一样。

约翰·A. 霍尔：就中国自身而言，时常有人说年轻的知识分子——尤其是为数甚多的学生——憎恨美国的权力。上次巴尔干战争中，中国驻南斯拉夫大使馆被美国导弹击中后，中国出现了许多游行。这些知识分子希望中国能更为强势地在世界上展现自己。因此中国有自身的民族主义者。在欧洲也有一定的憎恨，一种对美国的牢骚，但是这种情绪无足轻重。有没有可能，作为一个日益崛起的力量，中国的憎恨会导致更严重的后果？

迈克尔·曼：当然有可能，但主要还是因为存在一个冲突的聚焦点——中国台湾地区。中国大陆坚决认为台湾地区是中国的一部分，而美国对台湾地区的支持又总是有些模糊。我真的不知道这里会发生什么。它们都有理由保持谨慎，但如果美国从台湾地区撤出，事情会有所不同。中国同时也在非洲寻求自然资源，但目前这是全然和平的，事实上很多非洲人也欢迎中国，认为中国是非洲唯一活跃的非殖民力量。中国人避免任何对非洲政权的批评。美国会有一天对中国的扩展感到警觉，没人能够确定那时世界是和平的。任何对抗的威胁都会让欧洲和日本请求美国的保护。

约翰·A.霍尔：无论美国何时卷入干预，民族国家原则都会影响它，因为这一准则会非常迅速地产生民族主义的回应。侵略者会受到欢迎的观念现在几乎不能使用，除非侵略者可以依赖像库尔德人这样的当地人，而他们的支持也是基于他们能从侵略中获得的利益。所以为什么民族主义原则如此力量强大？为什么它能占据主导地位？为什么你的书会提出，民族国家会是一直存活下去的一种政治形式？我这一问题的背景来自我们都认识的欧内斯特·盖尔纳的思想。他的功能论强调民族国家是一个有利于工业组织的交通区域。这理论是否有力？我并不认为这是对的。

迈克尔·曼：厄内斯特认为民族主义是极为现代的，这是对的。但与其将其看作对工业化的功能论的回应，倒不如看作工业资本主义日渐严密的网络的未预结果（unintended consequence），以及民族在多民族威权帝国中对政治自由之需求的未预结果。关键点在于对征税、募兵的抵制——越发昂贵的战争引发了此类掠夺。随着"民族的统治"成为日渐普遍的需求，如果他们还存在着历史共同体，如精英所共用的语言、政治独立的历史或实质上的地方规则（民族并不是凭空而来的），那么"民族成为国族"的概念也会增强。这以后，反抗帝国就有了"民族主义"之名。在欧洲以外，有时需求在事实上会更为种族化，寻求反抗白人的统治，但是民族国家——在特定疆域以其人民为名义的主权——成为支配性的理念，"国族"亦是如此。

约翰·A. 霍尔：让我们接着谈谈民族主义，再谈自由民主制。民族主义如此成功，它是否效果显赫？你能否想象出现新国家的情形？或者说，你认为现在的国家是否能保证其疆域属于国家？毕竟，帝国崩塌后随之而来的是一大波民族国家的出现。现在已不会有别的帝国，或许这样的历史效应也不会再有。

迈克尔·曼：首先这是个历史问题。我们有时候会把毫无关联的运动称为"民族主义的"。比如说，"非洲民族主义"并非合适的标签，因为这是反对白人殖民权力的激进抗议运动。他们通常会接受现存的殖民地会成为其疆域这一点并寻求解放。但他们会成为国族的想法完全是空想。他们的认同是种族的而不是国族的。不过他们在建立国家的过程中，试图发展起国族认同和民族国家。因为他们认为成功的国家都是民族国家，所以他们试图模仿。到19世纪的后半叶，那些确凿无疑的多民族国家走向衰亡。苏联维持得最久。但是现在世界上有192个自认的民族国家，以及美利坚帝国。

至于最近发生了什么，在建立国族的浪潮之后又会发生什么，答案其实没什么变化。大部分重建国家的努力都不意在建立多民族国家，而在于形成更小的国族。它们大都并不成功，因为其现存的国族区域（尤其是在欧洲）普遍想要抑制它们。有些国家未来可能会分裂，如乌克兰、比利时和苏丹。欧盟最令人好奇的地方在于，它究竟如何能既拥有高度发达的超国家（supranational）机构，同时又令其中的民族国家不会衰退。但事实上，现在已经有反抗欧盟的内在民族主义反应。所以我认为，民族国家在可预见的未来还会是主导的政治形式。它由许多制度支撑，从税收到福利系统再到国际体育竞争。这一切意在取代战争，改变其性质，有效地将其变成更和平的方式。

约翰·A. 霍尔：我想回到你的论点，你认为民族主义扩散的原因之一是人们将它看作权力的领先形式之一，乐于复制它。但在 20 世纪的开始，被复制的国族是英国，这是个拥有帝国的国族。如果俄国人可以将乌克兰人变成小俄国人，那么在沙皇帝国中有多达 50% 的人都会是俄罗斯民族公民。他们似乎试图重蹈覆辙，建立一个帝国民族国家。那么在某种程度上，民族主义的年代其实来得十分晚？当然，第一次世界大战的结束创造了国族，但当时大英帝国也在扩张——它真正的衰落要到第二次世界大战才显露出来，他们败于日本人之手，通过协约才让印度保持忠诚。

迈克尔·曼：这些国家具有双重性。他们在国内是民族国家，在国外却是帝国，前者是民主的，后者则不是——除了白人殖民地。帝国急剧收缩，这是第一次世界大战的后果。没错，英国就像法国和比利时那样，在第一次世界大战后得到了国际联盟[2] 授权的领土，但他们是从失败的德国和奥斯曼帝国中获得的。第一次世界大战后出现的继承国主要在东欧，它们变成了民族国家，这有一部分是对少数民族实施种族清洗的结果。第一次

---

[2] 此处原文为"联合国"，曼在电邮中确认此处为笔误。

世界大战后，英国和法国的政治家，尤其是右翼政治家，全部高估了其帝国的持久性。他们当然可以依靠殖民地，但它们之中只有印度在第二次世界大战中贡献甚多，而且印度也必须被收买才会这么做。其他亚洲殖民地很快就倒向了日本，有时候还会出现串谋，这暗示英国、法国和荷兰在亚洲的权力是相当有限的。两次大战间国联对意大利和日本帝国主义的憎恨也表明，民族自决开始取代帝国的教化使命成为世界的政治意识形态。第二次世界大战的结果更是使之加速，带来了针对少数族裔的种族清洗，也巩固了业已兴起的世俗趋势。

约翰·A. 霍尔：但这并未阻止希特勒想要建立帝国。

迈克尔·曼：也没能阻止日本，但我认为摧毁希特勒、法西斯以及日本之流的是其帝国事业中的军事主义，他们过于关注其军事威力，却不顾其经济力量发展的程度。军事主义带来的鲁莽制造了越来越多的敌人。他们在许多开始很可能欢迎他们的地方表现颇为糟糕，这是低层次的原因之一。他们激发了反击的民族主义。这就和美国今日的行为有微妙相似。

约翰·A. 霍尔：在开始谈中国的问题前，我们先离题一会儿。出于各种理由，帝国已经衰落。你似乎认为，现代帝国有时被民族主义打败，有时又毁于过度扩张。这样的观察是否正确？

迈克尔·曼：不尽然。在这里我们必须区分帝国的几种形式。

旧的殖民帝国只有在 20 世纪取得经济成功的时候才被认为是过度扩张的。这讽刺地创造了崭新和反叛的中产阶级和工会，在第一次世界大战的推波助澜下，他们开始寻求更强的政治力量。当这种诉求遭到反对，他们需要彻底独立，并为此战斗。只有在这时，殖民国才意识到它们缺乏持续压制他们的权力，英国和荷兰做了收支分析，发现殖民地并不值得耗费如此之多。但法国不是如此，他们在战争中被打败了，才最后撤退。

对新帝国德国和日本而言，他们的衰落是显著的，这是欧洲军事主义的最后一次喘息。第一次世界大战中产生了民众准军事组织，它们依赖于等级和同志情谊的军事化结合，相信这能改变世界。这股力量后来变成了法西斯主义，在欧洲和亚洲发动了第二次世界大战——虽然我应该补充，在日本"法西斯"并非大众运动，而是局限于士官部队。然而它造成了巨大的毁灭，激励日本发动对中国的袭击，并攻击珍珠港，最后完败。但和此前帝国的瓦解或衰退不同，这一次有了秩序井然的、协商的地缘政治。盟军协商好该做的一切，包括创建联合国和布雷顿森林体系，此后每一个独立的国家都会加入这新的世界秩序及其崭新的国际组织。一系列帝国（除了某个帝国）的瓦解产生了新的世界秩序，这个秩序比第一次世界大战后的秩序更为稳定。

约翰·A. 霍尔：现在让我们回到中国的主题上。你认为在某些方面，中国是否在复制美国？这个国家有核心的民族……它试图得到稳固的供应（很可能从非洲入手），或许也在寻找稳固的市场。

迈克尔·曼：在许多方面，中国的权力精英正在适应美国的实践。但如果你认为中国会复制"国内民族国家，国外帝国"的模式，我会表示怀疑。没错，中国就像此前的日本，感到需要寻找国内缺少（或将要缺少）的稀有资源。但它的扩展似乎是基于市场的，而非基于领土或军事的。而且它主要是在非洲扩张，在那里不必马上与美国对抗。这不是帝国主义：它并不涉及强制。中国和美国经济相互高度依赖，它们都有核武器，中国已开始军队的现代化。两者都知道它们应该避免和对方发生武力冲突，甚至应该避免需要调停的非直接冲突，就和冷战时的传统一样。中国西藏是好莱坞的问题，不是华盛顿的问题，而且理应如此。美国要是支持西藏的独立，那会很不明智。中国台湾地区或许会带来两者可接受程度内的危险情境，因为中国大陆和台湾地区的民族主义会带来未被料想到的后果，但非洲不是这样。

约翰·A.霍尔：我们目前还没谈到的民主问题便是自由民主制。我们这个时代最为成功的文章或许是弗朗西斯·福山（1989）的文章，他声称冷战结束了，"现在只有一个世界"，除了自由主义和资本主义别无选择。但现在看来好像并非如此。我们现在会看到威权主义的资本主义国家出现，以俄罗斯为首，但中国并不一样。在你看来，威权与资本主义的结合是否会稳定？这颇像魏玛德国。人们或许会问，如果魏玛德国没在第一次世界大战中失败，它是否会持续下来？

迈克尔·曼：的确有相似性。魏玛德国专注于社会公民身份，却又限制公民权利和政治公民身份。但德国已经是自由主义意义上的半民主国家：法律、议会、政党、选举都已存在，它们和半独立的君主制/官僚制共存。社会民主党成为最大的单一党，也得有更多妥协。

但当下世界的情况就是个不同的问题了。现在不确定性太大了，但有一点是显然的，就是在目前的范围内，发展的水平和自由民主制具有关联，而所需要的发展水平也在稳固上升。印度是最大的例外。它有制度化的自由民主，却是个非常贫困的国家。在其他情况下，几十年来，为了向民主转型，你必须变得更富有。正如萨缪尔·亨廷顿（1991）所观察到的，趋向民主和远离民主的浪潮同时存在，而反向浪潮现在似乎正在发展，并且它们主要不出现在军事政权之中。比起资本主义的扩张，民主在世界范围的扩张变得更为虚弱、面临更多问题。既然资本主义散布民主还没激发抵抗厉害，激发抵抗的那些条件反倒是至关重要的。

约翰·A. 霍尔：所以收入增长、更先进的科技和人们要求更多最终转化为自由民主的权利，它们之间并无必要的逻辑联系？

迈克尔·曼：其实有些关系，但这是种比人们的想象更为缓慢、更不稳固的关系。世界上很可能会出现更严重的混乱，轻易将这关系打破。

约翰·A. 霍尔：确实，但自由民主制通常在巨大的毁灭后出现，也是事实。

迈克尔·曼：但自由民主并不总是在废墟中诞生。我想，真正的自由民主的核心是多元主义，正如达尔（Dahl，1989）和李普赛特（Lipset，1963）所言。用我的话来说，多元主义将四种社会权力彼此区分。苏联的问题是中央权力的四种来源全都集中于单一的政党精英，这彻底颠倒了民主。美国显然就没这种问题。它稳固地让军队处于市民统治之下，在很大程度上保证了市民自由，有某种程度上的自由选举，而没有可能将某单一群体合法化的主导意识形态。但它现在越来越将经济权力置于政治权力之上。竞选的代价以及商业巨头和专业权势资助两党以换取好处的程度惊人上升。高等法院在过去 30 年来判决的趋势令人担忧，它宣称企业应和个体一样拥有相同的权力，因此其在竞选和候选人方面的花费都应被认为是言论自由的一种形式。这令人目眩的判决揭示出，资本主义意识形态在多大程度上占领了美国的法律和政治，并加固了经济权力关系对政治领域的侵略。其结果是，对抗商业利益的立法很难通过，比方说要逆转近年来美国令人惊诧的不平等，或者是发展关注公民需要的健康系统。美国已不再是"岭上之都"（City on the

Hill），不再是多元主义民主在世界上的指路明灯。任何帝国主义任务都须首先整顿国内事务。意大利在贝卢斯科尼政权下的腐败也是另一个令人警醒的例子。

约翰·A. 霍尔：我本以为你对自由民主最严厉的批评在于，它控制外交事务的能力非常弱。在小布什政权下的美国，国际关系仍然是极端个人化的。档案显示，虽算不上密谋，但关键的决定被极少数人掌控。

迈克尔·曼：你是对的。这就是 2003 年伊拉克战争发生的方式。我认为这就是一个一贯相当混乱、左手不知道右手在干什么的国家在走向密谋。是的，值得警醒的是，外交政策仍然是相当私人化的事务。男政客和女政客——他们并无区别，尽管有<u>些</u>女性主义者的看法比较乐观——提出外交政策时几乎罔顾大众的利益和观点。其中部分问题在于，人民之中民族主义的程度足以让精英将国家投入战争，让战争在短期内变得颇受欢迎。政权扬起大旗，异议被认为是可疑的、不爱国的、不忠的声音。外交政策最重要的问题在于，它被一小部分精英所把持，还有一部分进行游说的利益集团——他们在世界上被决定的区域中拥有既得利益。这是民族国家的失败。

约翰·A. 霍尔：简单来说，这是自由民主制的失败？

迈克尔·曼：是的，但这主要是国族的视角，这种视角受制于国家的边界，在这种视角中，你的强烈兴趣和实践都只会关涉国内的政治事务。

  约翰·A. 霍尔：所以，通过参与战争或主动投入战争获得的忠诚或大众支持，虽是威权主义民族国家会出现的情形，但至少在某一段时间内，也会在自由民主制国家出现？

  迈克尔·曼：然而，自由民主国家可以更快地处理胜绩寥寥的状况，更快抽身而出。

  约翰·A. 霍尔：大众的压力在越南退兵方面起了重要作用。但大众的压力在现在的美国根本没出现。

  迈克尔·曼：要是损失和越南差不多，那情况就会像当时那样了。美国在最小化伤亡方面迈出了一大步——他们在安全的高度掷弹，大量使用无人轰炸机，诸如此类的努力很多——这样能够减少公众对伤亡的关心；他们还用非常具体的方式将其与对恐怖宣战的需要联系起来——不停揭露美国可能存在的恐怖主义打击目标，在机场以及其他公共建筑拉警戒线等。无人机带来了更多人员伤亡因而带来更多恐怖主义者的事实，却被故意用来论证我们面临更严重的恐怖主义，而不是我们如何一手造成恐怖主义威胁。因此比起越南，要让人们感觉到这是失败的战争，需要更漫长的过程。

  约翰·A. 霍尔：当你谈到自由民主制需要一致行动时，我就想你在说美国。

迈克尔·曼：是的，美国尤其是这样。我自己也是美国公民，美国轻易就保持了世界上最重要的自由民主国家的地位，然而衰落也出自其中。

约翰·A. 霍尔：我之所以会强调这点，是因为你新近的著作强烈指出，资本主义社会中，国家有许多种不同的形式。你似乎认为社会公民身份——斯堪的纳维亚的社会民主党、德国和意大利的基督教民主政党——是有口皆碑的。

迈克尔·曼：在写作第三卷的过程中，我坚持一点：我偏向于那些十分注重社会公民身份、拥有社会民主党或基督教民主党形式的当代政权。欧洲大陆卓越的地方在于，战后劳资间取得了有效的经济妥协，并且出于对法西斯主义重返的担心，社会民主党和基督教民主党间又进行了政治妥协。这是第二次世界大战的浓密阴云中透出的余光。

约翰·A. 霍尔：因此你对现代世界所创造的、最具吸引力的政治形式持深深的保守态度。对你来说，维持这些成就、这些法定权利是非常重要的。

迈克尔·曼：与欧洲人在20世纪上半叶的巨大失败相比，欧洲人在20世纪后半叶所取得的成就应被祝贺。我很希望他们能在目前的压力下维持这些成就。他们很幸运，成功地在国家之内的法团组织中扩展了公民权，这些是很难转变的。20世

70年代开始，在发达资本主义国家中，保守运动出现增长，其形式通常为支持资本主义、反对劳工，并时常是新自由主义的形式。面对这种情形，社会民主党与基督教民主党的妥协已经停止——不再有进步的改革，但目前它还没有被迫大幅倒退。相反，新自由主义已横扫此前在英语国家占主导的、更为意志论的（voluntarist）自由党－工党混合版本。

这种转变的关键原因出自"资本主义黄金年代"的终结，在这一时期增长带来很多好处。但到了20世纪70年代，衰退来临，利润率下降，阶级斗争变成零和（zero-sum），左翼更难取得进展，事实上他们过去也没取得进展。最好的情况是它们保护住了那些深嵌国家之中的成果。比起更为自由主义的国家如美国、英国、澳大利亚、新西兰和爱尔兰，斯堪的纳维亚和欧洲大陆的很多法团主义国家更为有效地将其不同的委托人锁进了现有的权力关系中。他们这种形式的"保守主义"在很大程度上保存了社会公民身份，而这在自由主义国家中出现了急剧衰退。美国的某些问题传到了其他英语国家。比如说，在不平等程度方面，美国在经合组织（OECD）国家中名列前茅，英国、澳大利亚和新西兰紧随其后。但这样的比较也说明，并没有哪一种经营资本主义经济的方式是最好的。斯堪的纳维亚和欧洲大陆国家在许多经济增长指数上成绩和英语国家一样优异，甚至更好。他们在许多社会指标上做得更好，如期望寿命、婴儿存活率和工作时数。的确存在别的选择。

这也带来了更宽泛的政治和意识形态问题。在写第三卷的时候，我愈发意识到了可被称为"宏观区域"的影响，这是来自邻国以及国家的文化亲属的影响。在这种意义上，民族国家个体并没有那么隔绝，或许这是我从前没有注意到的。我印象颇深的是宏观区域对福利政权和资本主义变异的影响。英语国家、北欧、欧洲大陆（近年来，地中海国家在某种程度上和他们北面的邻居区隔开了）、拉美、东亚——或许还有更多——证明了不同的发展轨道。这些集体在发展资本主义、福利政权和其心中理所当然的处世之道等方面都具有真正的共性。尽管英语国家的文化散布全球，但大多数国家都被邻近的文化形塑，与亲属、语言和共同的历史发生关联。

重要的是，在这一阶段领导权由一个英语国家转移到了另一个英语国家，这让大型冲突不会在转型中发生，这显然并不是德国追求霸权时的情形。今天我们看来，在发达国家中也只有英语国家可以被定义为比较新自由主义的国家，它们不仅发展出了相对不受监管的金融部门——目前这已席卷全球，还显著削减了福利，削弱了工会力量，并且变得越发不平等。人们普遍会在民族国家的和全球的、跨国界的制度之间进行对比，然而我们也常会在介于两者之间的宏观区域层级看待制度。

约翰·A. 霍尔：所以事实上你跳出了"资本主义变异"这一简单的基于资本主义"新自由主义－国家主导"形式二分法的概念。你认为资本主义存在不同的类型，包括东亚和拉美的实践。

迈克尔·曼：当我们将分析扩展到世界上更多地方时，我们会看到拉丁美洲国家重要的亲属关系。很长一段时间内，它们是世界上最不平等的国家，因为征服和奴隶制所带来的民族与种族方面的差异被叠加于阶级关系上，土地改革也从未发生。它们今天也十分不平等，尽管其不平等已被美国以及某些苏联国家迎头赶上。东亚是典型的"发展中"类型，这种说法在文献中十分流行，它们即便接受了华盛顿新自由主义共识下的国际金融制度，也仍保持了自己的类型。我们不应推论过远，但我们也不应过于侧重民族国家或过于侧重全球化。因此在这一区域中，日本、韩国、新加坡等国和中国台湾地区存在家族相似性，并且随着马来西亚、菲律宾、印度尼西亚的发展，它们的家族相似性也加速出现。

约翰·A. 霍尔：中国的发展模式可能对越南这样的地方产生影响。因此，这并不是说，在未来我们不必考虑"模型"。

迈克尔·曼：不，绝对不是。如果中国能保持成功，别人也会有选择地仿效，使其适合自己使用。我们也应该记住，不同的政权有不同的轨迹。他们具有变通性，他们彼此间的差异也不是静态的。以 20 世纪 50 年代为例，英语国家就和北欧国家一样平等。只是到了 60 年代，北欧国家变得更为平等，也只是到了 70 年代和 80 年代，欧洲大陆大部分国家也才变得比英语国家更为平等。更进一步，我们进行这番谈话的时候，地中海国家似乎正在逐渐脱离欧盟。拉丁美洲和东亚都包含"中产阶级"国家，它们之间的差异在于其征服、发生战争和土地改革的不同历史。拉丁美洲的征服还有紧接而来的土地征用并没被挑战（至少到近年都还没有），它也从来没被大战所干扰。东亚出现了突出的土地改革，这是欧洲和日本帝国在战争中瓦解的结果。所以在分析的时候我们应该回应在四种社会权力来源下发生的具体变迁。

约翰·A. 霍尔：最后谈论一个关于美国的问题。它仍是一个"大熔炉"——至少我是这么看的，但如果要理解这个国家福利方面的政治经济学，我们还是得牢记种族的关键性。美国拒绝扩展非裔美国人的各项权利不就是其社会公民身份限制的最典型体现吗？阿尔贝托·阿莱西那（Alberto Alesina）的著作表明，相对而言，那些非洲裔美国人更少的州倾向于拥有更慷慨的福利系统。毫无疑问，美国的社会公民身份是相当受限的。

迈克尔·曼：它并没有那么完善的社会公民身份。社会公民身份的基本先决条件是，工人阶级和中产阶级下层认为他们属于同一种人，他们对彼此拥有一定程度的移情和同情，这样他们可以站在对方的角度去想象。福利国家建造在这种团结之上，这很重要，它使成为"工人阶级"的意涵向民粹主义意义上的"人民"整体扩展、弥散，甚至向"国族"延伸。正如在瑞典的概念中，福利国家是"人民的家"，或者在目前法国的描述中，这是国家团结（la solidarité nationale）。美国的新政和第二次世界大战中的英国也朝这个方向转型。在某些欧洲大陆国家，这涉及阶级差异间的妥协和宗教的妥协，因此福利虽然是普遍的，但它并非天然就具备再分配性质。利益因社会阶层而有所区分。他们有普遍的福利系统，但是基于阶层差异分配的。

这种团结开始面临一些普遍的威胁。其中之一便是，紧跟成功繁荣——这意味着收入分散加剧，工人进入更高的税收阶级——而来的衰退会伤害普通的人民。"即使我同情穷人，他们的生活也不会变好"的想法以及"穷人没用"的形象涌现。美国比这更糟。一旦非裔美国人得到了公民权，成为公民的一部分，而不再是被隔离的、分散的群体，白人的种族主义就转变成福利问题。穷人都是黑人、穷人的文化残缺不堪的刻板形象成功削弱了白人的新政遗产。这在约翰逊的"大社会"计划中昭然若揭。此后，里根吸引大部分白人工人远离自由主义和民主党。过去 40 年中，保守主义的动能大都要归于福利与种族的勾连。欧洲在移民方面也有类似问题，只是没那么严重。移民带来的紧张关系会给普遍的福利国家和社会公民身份带来巨大的威胁。

约翰·A. 霍尔：你一直在谈论阶级，并将民族性和种族放到一边。这会不会是错的？民族同质的社会里，福利制度可能会更为慷慨，这是因为人更容易与和自己有相似民族或国族的人共享福利。那些先前完全同质性质的国家（比如丹麦）因此拥有了格外慷慨的福利权利，但它们面对移民问题，突然就束手无策。目前，它已替"真正的"丹麦人保持住了社会民主，但它在想办法以国家社会主义的形式将移民排除其外，或在数量上进行限制。难道民族或种族不也是和阶级一样重要的变量？

迈克尔·曼：这一点我同意。关于美国，我想说的是，种族比阶级重要，一贯如此。当然，这是种潜规则。数十年来，政客们不能公然表达其种族主义。但种族主义的潜规则卷入犯罪、住房以及"福利女王"（welfare queens）[3]等事务上。

约翰·A. 霍尔：这让人不得不感到费解——发达社会如现在的美国和此前的希特勒德国会对少数群体另眼看待，并为这些群体感到烦恼，但他们实际上非常弱小。

迈克尔·曼：是的，但这两者是很不同的。和德国的犹太人相比，现在美国人口中的非裔比例更高——前者是0.8%，后者是12%。要搞明白为什么那么多德国人会责备犹太人更为困难。对许多美国白人工人来说，存在一种威胁，至少威胁是相当可能出现的。很显然，他们并不把自己和非裔美国人或墨西哥移民看成同一种人。对许多欧洲国家的本国居民而言，非洲

---

[3] 里根发明了"福利女王"一词，形成了"黑人妇女吃政府福利过好日子"的刻板形象。

或东欧移民亦日渐如是。左派一直在攻击新政的局限性，尤其是其性别化、种族化的双重标准系统。虽说大部分欧洲福利国家并没有这样的传统，但朝美国系统退化的潜在危险是存在的。正当欧洲在共同享有的公民身份方面取得了令人钦羡的成就，新的威胁却出现了。

第四章　意识形态的终结

约翰·A.霍尔：你热切地谈到了欧洲在不同类型社会公民身份方面取得的成就。这在多大程度上体现了强大的意识形态？人们或许会认为，自由主义资本主义的成就不见得体现在意识形态上。"全世界的消费主义者，联合起来"和"全世界的工人，联合起来"相比，在道义上的冲击力会小许多。表达性的权力已几乎不具道义性。意识形态的表达和最近的历史记录相比，是否更不明显了？换句话说，意识形态是否走向了终结？

迈克尔·曼：不，但显然20世纪上半叶和下半叶至今的情况是不同的。西方国家总体上没那么意识形态化。它们已埋葬法西斯主义和革命乌托邦。社会民主制要更为去意识形态化，因为它还具有自由资本主义的部分特征——更为实用主义。它已抛弃了这种概念，即除了资本主义还存在别的选择。相反，它假设它可以改善资本主义并将其驯化……使其民主化，为其赋予人性。这在很大程度上就是我所说的制度化的意识形态，但它有改变的承诺，尽管颇为局限。

约翰·A. 霍尔：所以它是社会主义化的民主资本主义，而不是民主化的社会主义？

迈克尔·曼：不再是如此了。民族主义也被驯化了。我们所拥有的民族主义，在发达国家大部分地区所看到的形态是相当温和、无害的，有时还会有些滑稽——尽管在移民问题上有所例外。每个国家都有这种幻觉，认为它有独特的美德、对世界有独特的贡献、有其独特颂歌、其国家队球迷有独特的球衣。民族主义已大为改变。

现在还有一小部分人在嚷着左派意识形态，既有社会主义或无政府主义等传统形式，也有相对较新的形态，比如激进的生态论。另外，西方国家的意识形态出现了重要的保守派变种。在美国，宗教基要主义周期性爆发，甚至使其中一次爆发转变成政治问题；新自由主义成为一种真正的乌托邦意识形态。它在某种程度上就像社会主义一样，并不描述真正的社会。纯粹的市场社会无法达成，如果新自由主义者想要达成目标，他们得依赖于与保守主义政客的联盟，保守主义者们会出于自己的利益和理想（比如重罚犯罪、种族主义、大军队）补充新自由主义的计划。在过去，社会主义也会在政治决策方面有所妥协。

令人好奇的是，美国政论员会认为政治极化为两个意识形态阵营，但实际上只有极端团结的共和党这一个阵营，它混合了新自由主义与传统的美国保守主义（军事主义、道德价值、以潜规则形式存在的种族主义等），民主党则要更为分化。日益增长的保守主义凝聚力成为过去40年左右的特征。

> **约翰·A. 霍尔**：在美国，重要的政客不止信奉新自由主义！他们同样属于道德多数群体，尤其是在南部浸信会，他们还时常是以色列的支持者。这是个相当多元、有时甚至自相矛盾的保守主义意识形态。但我同意，这是十分强大的意识形态。

> **迈克尔·曼**：宗教保守主义是区域性的强大意识形态。共和党的实践显然是多元群体间的妥协，但他们全都能运用其意识形态修辞，也有更为统一的反对对象，比如反对国家主义。奥巴马那小小的健康计划可以被以"社会主义"的理由拒绝，意味着强大的意识形态还在发挥作用。

> **约翰·A. 霍尔**：就意识形态而言，你觉得发达社会和其他地方是否有显著的差异？共产主义在中欧倒台后，显然没有意识形态欲求重返欧洲。历史巨变并未带来新的思想。世界上还有别的什么地方，意识形态仍起着重要的作用吗？

> **迈克尔·曼**：我认为，要论证你所说的问题，我有必要提

一提国家间的巨大差异。你对苏联的欧洲边缘的看法大体是正确的。它并不需要乌托邦，因为它相信隔壁的欧盟中就存在更好的社会。但对俄罗斯自身而言，新自由主义还是颇为重要的，自由民主与自由市场之间的联系（这是新自由主义尤为强调的）也是一种颇为重要的典范。我们同样也可以在阿拉伯社会主义和军事政权失败后的伊斯兰世界中发现崭新的意识形态。它们也试图创造出某些形式的发展至上意识形态，发展出一种伊斯兰变体，尽管我也怀疑它已是摇摇欲坠（正如在伊朗）——即使美国的强势帮助其大张声势。保守主义的美国同样加强了自身的意识形态。中国不再有意识形态的义务。世界上的意识形态变化万千——正如全球化程度更低的时代那样。

世界上还有别的意识形态在增长，比如环境主义、女性主义，还有别的认同政治。

约翰·A. 霍尔：理论家有时将它们看作普通的意识
形态，但你不觉得它们更关注单一问题？

迈克尔·曼：有的如此，女性主义更关注单一的重要问题，然而环境主义不只关心单一事务，它是体现人类与自然关系的一种总体道德观。许多环境主义者同样宣称它们的激进主义形式催生了更为有活力的民主。20世纪上半叶以来意识形态在衰落，这是好事！但意识形态并未终结。它们随着危机再次出现，并且这些危机似乎不能在现存的制度化意识形态中解决，于是人们寻求新的普遍意义系统。不论好坏，正在来临的环境危机似乎就是如此。

约翰·A. 霍尔：你曾提到马克斯·韦伯承认社会权力的不同来源，但他认为它们的关系并无多少种模式——无论如何，其中的一种会占据上风。在你的著作中，你曾多次提到何时以及为什么某种权力会是主导的。意识形态在创造世界宗教，并因之改变历史形态时，具有强大的权力，然而在漫长的19世纪中，政治和经济权力比意识形态更为重要。你有修改你的观点吗？你是否惊讶地发现，20世纪是如此意识形态化？

迈克尔·曼：我们稍后再谈权力来源这一整体性的问题。若论意识形态，在第二卷中我做得并不够好。我在书中所写的意识形态的衰落更多是在讨论欧洲的宗教。我仍旧认为，在欧洲中心视角下这是对的，但在其他许多地方就未必如此。我会对意识形态在20世纪的复活感到惊讶吗？并不会，因为我同时在进行对法西斯主义的研究，它显然与19世纪并无连续性。尽管社会主义运动当时已在蓬勃发展，但第一次世界大战和"大萧条"是这意识形态猛然迸发的必要条件，它是一种在灾难后重新组织社会的接近乌托邦的方式。

约翰·A. 霍尔：但在第一次世界大战前，英雄主义的意识形态就已出现在俄国，至少是在其知识分子中？

迈克尔·曼：意识形态在俄国知识分子中出现了，在法国也很明显，但它们并不作为动员武力的方式。法西斯主义正是如此，不过社会主义并不全然如此，因为它在战前的德国已经很强大。但要是没有战争，任何左翼革命的意图都很可能被压制住，而不是取得成功。正是武装动员使得革命在第一次世界大战后真正发生，尽管只有在俄国发生的那场成功了。总体来说，20世纪的问题以及第三卷的主题是一系列大型危机，它们带来未曾预料的事件和过程，同时巩固或消灭了彼此。我们看不清未来类似的趋势。举例而言，我们并不知道中国和印度的发展将会如何，不知道他们是否会经历或带来大危机。我们也还不知道大型环境危机的结果是什么，主要是因为目前尚不清楚人类是否能在最坏局面到来之前将其缓和。但这样的危机也可能会和20世纪一样，产生新的混乱和新的意识形态，旧的方式不再起作用，在知识分子群体以及其他人中浮现出新的未来蓝图，这蓝图具有一定程度的可信性，可以动员足够的人带来破坏乃至发动政变、革命和战争。

约翰·A.霍尔：这就是说，未来是不确定的，但某些相似情景可能会再次发生。

第五章　模式、牢笼、间隙和辩证法

约翰·A.霍尔：你分析权力的著作不只关心我们方才谈到的四种来源，还运用了一系列中层理论，它们并没有那么广为人知，但在我看来它们颇为丰富。我想要谈谈它们。现在你似乎认为配合军事事件干扰，并结合民族国家典范的经济权力具有一定的优势。

迈克尔·曼：这与19世纪有很重要的连续性，即整体社会发展中存在双重因果过程。一方面是资本主义及其阶级，或许我应该说成"经济生产方式和阶级"——因为我们必须处理20世纪的国家社会主义，它们也有其经济结构和社会分层；另一方面是民族国家在一个本来属于帝国的世界中衍生出来的政治权力的发展。20世纪的普遍发展是更为社会主义化的资本主义的胜利，它成为阶级斗争的溶剂，帝国主义的美国则成为帝国间冲突的解决方式，尽管这和发展中的民族国家体系存在张力。

我们仍不清楚中国是否会继续挑战资本主义，现在还没有确切的词汇来描述中国的发展模式。我并不认为它算是资本主义，因为国家依然发挥着重要的作用，企业常由中央或地方官员独立或联合运营。它显然也不能算社会主义，而是一种非常不同的形式。除此之外，资本主义仍是世界经济体系，它是否会带来发展或许是对民族国家个体而言最为重要的问题。

所以，即便20世纪军事和意识形态权力沧海桑田，连续性也依旧存在，这是以全球日渐相连的方式，通过资本主义在经济上的优势，以及民族国家和美利坚帝国在政治上的双重优势实现的。但是，无论资本主义还是民族国家，都不存在单一的形式，美利坚帝国之后会是什么现在也难以确定。

然而，这里复杂的东西是全球化。许多早期全球化理论家坚信，全球化在本质上是跨国的、削弱民族国家的。尽管它的确在削弱民族国家，尤其在资本主义经济方面，但全球化的主要政治准则是国际性的，是国家带来的管制以及国家间的竞争——地缘政治和地缘经济权力之间的关系，不是跨国的关系。当试图寻找援助和管制的时候，资本主义者就会转向国家。大多数全球事务都是在国家间协商的，尤其是在那些强大的国家间。由于核武器及其他武器所带来的日趋上升的战争非理性，"软"地缘政治比"硬"地缘政治更为常见。这一趋势还会日渐加强。人们应该通过软地缘政治面对接下来半个世纪中或许最主要的危机——气候变迁。

约翰·A. 霍尔：让我们谈谈你的"禁闭"的概念，这是国家俘获社会行动者的能力。现在，牢笼的力量在面对这两种行动者时是否在减弱？第一种行动者是资本家，他们似乎时常不受束缚、为所欲为，并因此在社会中获得了一定的影响力。第二种是发展中国家中的部分精英，他们试图成为全球社会的一部分，他们似乎准备让他们的国民听天由命。

迈克尔·曼：我觉得有些行动者经历了国族牢笼的衰退。资本家，尤其是金融资本家，拥有更高程度的自主权和流动潜力。制造业就不是如此。虽然许多制造业已转移到低收入国家，其主要部分依旧留在母国，其利润也依旧回到母国（或到离岸避税天堂）。部分专业从业者，包括我们这样的学者，和过去相比也变得更具跨国性。但是大多数移民仍是低技能的人，这更易带来横跨两国（binational）的生活而不是跨越国别（transnational）的生活。

在经济领域，国家凯恩斯主义、国家发展项目、"进口替代"工业化模式（import substitution industrialization）曾经当道，但面对全球化的压力和新自由主义，它们已消退几分。但新自由主义的力量因地而变，且新近又显示出式微之势。许多妥协在出现。近来许多发展中国家通过发展自身的储备金来抵抗金融资本。也有许多国家虽在形式上采纳了新自由主义的处方，但在具体实践上很大程度还是如同从前那般行事。新自由主义者自己一直抱怨，他们的计划被国家权力的利益和政治腐败削弱了。WTO自由贸易协定谈判已经延宕十年，有限程度的金融管制已经出现。资本主义仍然由国族标定界线。国族边界依旧强大。欧洲的资本主义当然并非如此，但欧洲是一个例外，并且不管怎么说，欧盟之中的民族国家依旧兴盛。

约翰·A.霍尔：但资本主义得以流动的权力——金融资本当然如此，但制造业至少有时也会如此——会反过来对国族社会产生颇为巨大的影响。以德国为例，德国制造业工人薪水下降似乎与大量利用后共产主义国家的廉价劳动有一定关系。

迈克尔·曼：这在美国也会发生，当然，最后会是更低的薪水。

约翰·A.霍尔：那发展中国家的精英呢？

迈克尔·曼：帝国主义如日中天时，在当地应有许多合作者；而进行国际贸易的商人们通常来自他们所控制的当地不同民族。这两个群体现在都很活跃。与国外资本合作的当地企业家或许在数量上有所上升，同时当地新自由主义者组成的第五纵队[1]在美国接受训练。

约翰·A.霍尔：形塑了你对历史问题的思考的第三种"中层理论"，是权力来源的间隙出现的重要性。

---

[1]　第五纵队（the fifth column），泛指隐藏在对方内部、尚未曝光的敌方间谍。

这一概念是否有助于我们理解当下所处的世界?

迈克尔·曼:发展依旧难以预料,从先前社会结构的间隙中出现的事物依旧重要。环境问题就是一个令人震惊的例子,我们以为自己缔造了19世纪和20世纪在经济上的成功,却迎来这一结果。你在经济发展上越成功,其后果就越严重,这为人类社会带来了新的亟待解决的问题。我们通常称之为"新社会运动"的东西——环境主义、女性主义,还有新近涌现的认同政治运动——都是间隙出现的例子。个人权利的话语最初出自基于阶级的争取充分公民权的努力,这成为这一时期最为成功的故事。女性主义则是这样的运动:它在间隙中出现,在很大程度上实现了其目标,席卷了一个又一个国家,在过程中日渐制度化,游走于国家和国际(比如联合国)两个层面。同性恋和残障权利也以相似的方式扩散。

约翰·A.霍尔:我接受你对环境主义的看法,我们稍后会详谈。你如何看待国际恐怖分子的出现,尤其是基地组织?

迈克尔·曼:这是另一种没有预料到的结果。一小群人有了广泛的同情者,出人意料地创造了超乎其数量及先前的权力的威胁。它们和华盛顿以及伦敦的鹰派一起创造出了"反恐战争",这影响了我们所有人的生活。

约翰·A.霍尔:因此,他们并没那么重要,但是科学和环境主义或许会变得更加重要?

迈克尔·曼:恐怖主义的确重要,但可以战胜。严密的国际警察运作以及穆斯林领地上的非干涉主义或许可以让恐怖主义者的招募放缓乃至停止。环境问题会更难解决,它们已经在两个方面产生了相当大的社会运动,包括科学家社群和大众环保行动主义。各种相关机构中的科学家已成为政府中的固定建议者,NGO 则拥有更强的动员和干扰作用。这两者的结合增长十分迅速,但要对政府和企业产生决定性的影响,还有漫长的路要走。

约翰·A. 霍尔:就像 1999 年的西雅图运动?

迈克尔·曼:它们将环境主义和更广泛的反资本主义意识形态及反资本主义政治相结合。它们的覆盖面非常广。环境运动组织既可以是无政府主义者和环境恐怖主义者,也可以是为数甚多的老派环境保护组织,比如塞拉俱乐部(the Sierra Club),或皇家某物保护协会(Royal Societies for the Protection of anything),绿色和平这样的组织则介乎两者之间。它们的混合言论颇具影响。欧洲的政党现在至少在修辞上要争着成为"绿色"的政党。现在并没有多少名字中带"环保"的重要党派,但许多国家建制内的党派都迅速在这一领域发声,这很有意思。这是种制度化的尝试,大多数组织都在抵制这种制度化,因为政党并没在真正执行政策。

约翰·A.霍尔：我想最后提提你在《社会权力的来源》第一卷结尾所写的辩证法问题。回望长时段（longue durée）的人类历史，你发现了权力中心化和去中心化的社会回响之间的辩证法——这是一个连续的过程。那些最初被中央权力使用的工具，比如读写能力，一旦走进了社会，就很快被证明为一种有效的对抗国家的手段。这是个绝妙想法，但你并不常使用。现在这是否与我们密切相关？

迈克尔·曼：现在它仍与我们密切相关，尽管其形式在变化。事实上，这涉及两组对照概念，一是你刚才提到的国家-社会辩证法，二是中央集权帝国以及我称之为多元权力行动者文明（multi-power actor civilizations）之间的辩证法——古代地中海与亚述帝国，或罗马帝国与希腊或腓尼基城邦国家间的对照。在20世纪，后面的一种辩证法便是帝国与民族国家的对照，以及法西斯主义与民主资本主义之间的对照——相对中心化与相对去中心化之间的对照。当然，这一冲突的解决方法会更为复杂，更为实用主义。法西斯主义实际上是被共产主义和资本主义结成的联盟带来的更为集中化、动员化的军事权力击败的。国家社会主义与之所苦苦搏斗的，不仅有资本主义更能创新的优势能力及其去中心化的权力，还有其核心至高无上的中心化权力——美利坚帝国。这一过程及其胜利要比干巴巴的对比更为复杂。

此外，全球化已踏遍世界，现在也没有后来者可以先占为上的边缘地带。辩证法的历史形式——对立的类型最初在间隙中产生，或在先前主导者的边缘萌生——或许会走到尽头。概念图式应用永远受到时空的限制——这是由于人类社会以及历史发展杂乱无章。两者都会带来新的社会危机，这又需要新的社会学概念。我认为在最为普遍的情况下，我分析社会权力来源的模型是足够精细和开放的，它能跨越时空——它是轻盈地披于肩上的斗篷，而不是铁笼。但更为刻板的模型如辩证法在某些语境下表现会更好。

约翰·A. 霍尔：我挺好奇，这种分析模型能不能进一步运用。互联网的发展或多或少诞生于自有打算的中央集权国家，但它带来的崭新传播能力又可以削弱中心化权力。新科技工具的扩散会不会有什么长时段的后果？

迈克尔·曼：这是第一种辩证法仍在作用的例证。互联网加强了那些国际组织、那些被认为跨越国界的 NGO 的组织权力。互联网或许是这些组织最为超越国界的元素，因为 NGO 更易组成国家组织的国际联邦，但互联网显然可以让它们自下而上组织起来——尽管大多数 NGO 并没有民主章程。它们很受中产阶级的欢迎，这些人比政治统治集团更为民粹，这是很重要的。女权主义则能很好说明组织如何在三个层面运作：它同时在国家政府层面、国际的联合国层面以及通过互联网进行的跨国层面运作。国家政府层面确保女权主义立法得以通过，而联合国层面可以对政府施加压力使其遵照国际惯例。它们成功地说服了许多南方国家政府，包括一些相当反动的政府，使其相信教育妇女是降低人口增长的重要方式，毕竟人口增长正是它们的重要问题之一。所以它们既通过联合国这样的最高级国际组织，也通过行动家们之间更优异的跨国传播发挥影响。

但政权也会使用互联网，它们通常会用它来反对NGO。它们会监管网络、实施黑客行为，了解对手的策略和时间表。在G8、G20以及其他国际会议上，无政府主义者和其他左翼组织成员已经学会不去使用互联网和手机，因为他们的行动可以被轻易地追踪。因此我并没有那么确定互联网在改变权力关系方面那么重要。

约翰·A. 霍尔：橙色革命虽然似已失败，但它确实被这些技术影响。

迈克尔·曼：它也受到大量美国补贴支持。别忘了，橙色革命事实上成就有限。乌克兰现在的情况是，这个国家几乎被其国内的俄罗斯族和乌克兰族的分裂撕裂了。民主再次变成了种族公投。

约翰·A. 霍尔：其实还有更为简单的传播方式。我去过印度尼西亚，一开始觉得当地的穆斯林和中东穆斯林十分不同。但参观伊斯兰学校改变了我的部分想法：显然全国都在使用的瓦哈比派文本第一次出现在这里，它在创造新的社会回响。[2]

---

[2] 瓦哈比派是近代伊斯兰教传统主义改革派别，出现于18世纪中叶，主要流传于阿拉伯半岛，以及埃及、苏丹、利比亚、尼日利亚、印度、印度尼西亚等地。瓦哈比派主张严格信奉独一的安拉，反对多神崇拜和异端邪说；坚持以《古兰经》、圣训立教；反对圣墓圣陵崇拜；严格社会风尚，禁止一切不符合经训的糜烂行为；倡导穆斯林团结，共同对敌，反对异族统治。

II

第二部分

社会变迁的性质

第六章　强国家和弱国家

约翰·A. 霍尔：我用英国开头，谈谈作为变革动因的国家。在一段较短的时间内，它曾是世界权力的领导者，因此谈论其命运会帮助我们提出理解当代世界的问题——在当代世界，新的领导权力正在面临挑战，而其中一些挑战就和其盎格鲁－撒克逊前辈如出一辙。

你的长文《英国的衰退》现在是否仍有时效？布莱尔政权下的英国看起来在经济上更为强大，尽管它正病痛连连。在你看来，英国是否大势已去？

迈克尔·曼：英国已被永远夺去了锋芒，但其曾经的强势权力对这样一个小国家来说，仍是杰出的成就。其权力基于特定时期的海军－商业帝国。它成功地建立了主要的白人定居殖民地，征服了印度，这一切又被其工业革命的发明所加固。当工业革命扩展的时候，其他国家也发展出了强大的权力，产生了各自的主张，英国名列前茅的角色注定会结束。

撒切尔和布莱尔带来了些许恢复，但在地缘政治上使英国比以前更依赖美国。它经历了一定的经济恢复，但这恢复在其传统的金融方面比在工业方面更显著，这在近期带来了更大的不稳定。在军事和地缘政治上英国和法国相近，但其自主性更小。就经济权力而言，英国某些方面还不如德国和日本，但在剩下的西方国家中它还是名列前茅。它在欧盟中的地位要更低了，其货币的国际贸易水平也下降了。衰退虽然停止了，但英国的地位大打折扣。

约翰·A. 霍尔：我完全同意你刚才提出的地缘政治分析。但你怎么看待那些坚持认为经济受困是因为金融资本主义压倒了工业资本主义的评论呢？那么无疑经济的相对恢复不符合你最初的判断。

迈克尔·曼：不。伴随更为强大的金融权力的是更大的不稳定性和脆弱性。在这次衰退中，英国比法国和德国更加陷于困顿，而且英国的不平等也显著加剧了。不管其整体GDP数字如何，比起从前其分配更为不公，更多人民实际上失去了其社会公民权，并且也不能如愿参与经济。英国面临了和美国一样的失业问题。其正式失业率是8%，但比起欧洲其他地方，英国有更多临时和兼职的工作。它只是对部分人的恢复。

约翰·A. 霍尔：其恢复正处于一个金融资本主义至关重要的时期，伦敦市的技巧还有用武之地。但如果金融资本在某些方面改变了，比如说迁移了，那么英国的立场可能就并不强硬了。

迈克尔·曼：嗯，英国政府会继续保护伦敦市，它不会同意可能削弱这个城市的任何国际金融部分规则的重订，并且在这一方面，美国与它是同盟。所以我并不认为会看到激烈的变迁，只会有轻微的紧缩。显然长期来看，美国的权力相对下降，亚洲国家经济日渐增长，这会影响伦敦市，而英国的经济或许会进一步轻微衰落。

约翰·A. 霍尔：近年来你在美国上投注的精力非常惊人。美国被视作近来历史中的权力前沿——虽然有重复的危险，但是我们仍必须继续考察其地位。当你写作《英国的衰退》时，你提到导致一个主导的强国失去其地位的三个过程：技术向更为广泛的资本主义社会扩散；其成功时刻（success moment）的制度化，如此一来它会发现它很难吸取新的观念和技术；而且在地缘政治上，它发现自己被削去锋芒。现在还没有人可以在地缘政治上冲击美国的地位，我有点儿难想象它的发生。我也要重申美国在经济上的隐藏力量，不只是支撑其科技创新的制度。20年前，似乎日本就要成为第一，但现在这并没发生。然后就是成功时刻制度化的问题。应当说美国并没有太困厄于你发现的因素？它并不会经受突然的衰退，它可能还会在很长的时间里维持其地位。

迈克尔·曼：这是对的。美国主导分不同的时期。第一，美国从 20 世纪初开始成为最大的经济体。第二次工业革命的缘起地便是美国，德国和英国紧随其后。20 世纪剩下的时光便是这一时期出现的科技的应用，目前还没有哪场科技革命可以与其相比，对经济产生如此大的影响。当出于一般目的的科技，比如电力，使得大规模生产成为可能，并激发出各种各样的发明，比如铁、钢、化学，并使得农业也革命化时，在战后出现的革命却并没有如此激进的效果。我们很容易为电脑和生物科技惊叹，但它们远未带来类似的增长。

第二，使得美国的权力突然大增的，是第二次世界大战。在 20 世纪 30 年代后期，美国贡献了世界 GDP 的 15%，但到了 1950 年它贡献了世界经济的一半。这是战争的意外结果——更准确地说，它在战争中获得了胜利而自身牺牲不多，本土完全没受破坏。第三，当说美国只有最低限度的社会福利系统时，人们没把教育算进去，而这方面美国可算是领先的国家之一。19 世纪它在基础教育方面领先，20 世纪上半叶它在中等教育方面占优，在第二次世界大战、朝鲜战争，以及斯普特尼克（Sputnik）发射[1]后，它开始发展令其他国家难以望其项背的大学部分，这显然与其在科研方面的能力有密切联系。我们仍处在美国经济

---

[1] 斯普特尼克发射，即 1957 年 10 月 4 日苏联发射的人类第一颗人造卫星"伴侣号"。

统领的时期——当然在军事上也是如此。

约翰·A. 霍尔：既然在未来将科技运用到工业生产在未来非常重要，而这在美国十分发达，美国的这种统领就很有可能持续。

迈克尔·曼：但是美国并未实现独占，并且它现在在用于对抗气候变迁的新科技方面未起到主导作用。在这个领域，中国、德国，以及其他欧洲国家同样取得了重要成就。美国先前的主要科技优势，是尽可能廉价而且广泛地利用其自然资源的能力。现在，美国是人均温室气体排放量最大的国家。我们现在认为这是极端浪费的，并且对环境是极其有害的。面临环境问题，美国比任何发达国家都更需要转向，但这是艰巨的任务。

约翰·A. 霍尔：只有欧洲权力均衡的时候，英帝国才能持续，这使得它可以主宰其他地方。目前美国尚未遇到当时德国给英国带来的挑战那样的冲击。

迈克尔·曼：是的，美国并没有地缘政治上的竞争者。我们能想象得到的场景便是美元作为世界单一储备货币地位终结后面临的挑战。这意味着美国人必须为其军队花费更多，这会使其暂停下来。中国或许会是竞争对手，它在亚洲或许甚至非洲都有自己的影响力。所以不会再有单极权力主导世界的时期了。

约翰·A. 霍尔：那你分析中的第三种元素，即成功的制度化呢？我的印象中，你写到今日的美国是一个非常静态的、深陷泥沼的社会，走不出特定的模式。这说得对吗？

迈克尔·曼：这个概括对美国很恰当，目前在意识形态和政治上似乎确实如此。在意识形态上，美国人依然认为他们的国家是世界上最棒的，将秩序带到世界各地，但现在这变得没那么真实了。同样，无政府主义和美国的新自由主义潮流会阻碍其在经济和环境问题上的调整。共和党似乎首当其冲，它处于一个令人遗憾的状态。在政治上，权力的分割使得权力陷入僵局。

共和党是朝着意识形态内聚型政党方向发展的，拒绝任何变化，并且变得更为无政府主义、"小美国"，乃至反科学。无政府主义正是那些被认为是过去创造了伟大美国的条件制度化的绝好例证。这在民主党中并不那么明显，但他们相对的多样性使得他们和以前相比更不趋向改革，他们中的四分之一到三分之一是"蓝狗"[2]和"黑狗"，他们出于对日渐上升的保守主义以及对依赖石油和煤矿等保守工业的担心，不再支持改革。选区被分割，国会委员会结构变化意味着是政党而非资历决定谁会主持国会委员会，而对冗长演说[3]规则的更宽泛的诠释也渐增。过去，冗长演说只用于那些代表们深感重要的事务，比如南方

---

[2] 蓝狗（blue dogs）指的是民主党中的相对保守成员。

[3] 冗长演说（filibuster）指的是以冗长的演说来阻挠议案表决通过。

人和去隔离化、州的权利等。现在,冗长演说几乎威胁所有事务。结果便是接近死结,或者是虽然立法了,但有时其本应影响深远的设想几乎被无尽妥协所带来的附属细则彻底削弱。

唯一的例外,也是权力唯一显著的自主领域,是总统在外交政策上的权力。这在 20 世纪一直增加,并在最近重新上升,这背后是在反恐战争以及监控/安全机构中总统自主权的不断提升。其结果便是总统可以不分青红皂白地使国家进入战争或和平状态。然而不幸的是,任何国际谈判都很难在国会通过,但国际谈判又越发成为处理国际事务的手段。美国还没准备好抵抗其未来的衰落。

约翰·A. 霍尔:现在让我们谈谈别的国家,看看它们在世界舞台上有多活跃。在过去的七八年中,人们开始大量讨论金砖四国,我希望你能逐个点评。它们潜在的权力似乎非常不同。所以让我们先谈谈俄罗斯吧。它真能成为有能力挑战美国之国的一员吗?

迈克尔·曼:或许第一个问题该问,这些国家实际上能否形成一个集体。实际上不能,除了其 GDP 增长的规模和速度。它们罕有集体行动,并且差异性相当大。中国和俄罗斯、印度之间仍有领土争端,巴西和另外三个国家也很不一样。印度和中国的经济比其他国家更为强劲。俄罗斯的经济更弱,非常依赖资源,并且也没能从灾难性的转型中完全恢复。俄罗斯、中国和印度有强大武力,巴西没有。

约翰·A.霍尔：俄罗斯要从法国购买它无法生产的船只，这体现了灾难性的衰退。当然，就生活水准和死亡率而言，转型是灾难性的，但历史性地讲，一个巨头的瓦解只伴随着数量如此之小的暴力，不啻为巨大的胜利。

迈克尔·曼：前提是它带来更好的未来。这的确非常不寻常、前所未有。它从权力顶峰衰落，它因为共产党已然瓦解的凝聚力衰落，他们对本应追求的社会主义信仰失去了信念。党已成为官僚机构，不再能改革，也不再能产生关于改革的政治辩论。因此戈尔巴乔夫的改革者们也没法提出前后一致的计划。当然，在准革命的情境之中，人们会踌躇着创造出新的政权，但他们在这方面失败了，失败的军事政变毁掉了他们，紧随而来的是失败的新自由主义。接着领导的政客意识到，没有大众的不安，新自由主义就无法实行，于是他们急转方向，于是我们看到一系列令人困惑的政策，他们又重返原地，只是比以前更依赖自然和能源资源。俄罗斯在其自身影响力范围内展示其权力，但无法帮助领导全球重构的项目。

约翰·A.霍尔：我想，俄罗斯和同样在共产主义系统中生活了40年的中欧形成了鲜明对照。因其制度连续性，中欧得以在某些角度上恢复其在西方的地位，俄罗斯却成为第一场绝对失败的社会革命的发源地。有时候俄罗斯的案例会让人觉得相当困惑。

相形之下，你对中国共产党发动革命以及自身持续改革来积极加入现代世界的能力印象颇深。这改革的秘密何在？

迈克尔·曼：在苏联的经验之后，显然最重要的政策就是进行经济改革，不进行政治改革，以维持党的领导地位。

约翰·A. 霍尔：在政治开放（glasnost）之前进行经济改革（perestroika）？

迈克尔·曼：中国在其进行经济改革的数十年里，一旦他们进行的实验出了问题，中国共产党中央就会说"好的，那我们应该停止这个"，然后转向别的路径。中央权力一直保持，并且一直可以决定何者成功何者失败。但我想还有别的辅助论点。另外，中共中央比起它的苏维埃同伴要更为去中心化，这则是因为革命发生的方式。在中国，革命是被位处不同地区（通常还是偏远之地）的红军根据地所发动的。每一个根据地都有一定程度的自主权，可以决定如何平衡不同的政策，是土地改革还是退租减息，决定让谁加入共产党，以及与国民党及其他当地军队的关系。因此共产党登上权力舞台之时就呈现出更具联盟色彩的结构，有更多的地方权力经纪人。汉学家们告诉我们，这被维持下来，其中有的人认为，在中国共产党的顶层权力中大部分或接近大部分都是地方的党委书记。如果他们联合起来，那么被执行的将会是他们的政策，而不是党中央的。这种元素为更为去中心化的经济搭建了桥梁。

约翰·A. 霍尔：革命的性质是否意味着革命者被迫长期居住在乡村之中，因此更能看清什么是可以的，什么是不行的，这说法对不对？

迈克尔·曼：这在依靠乡镇企业实现增长的时期是十分重要的。本土企业一开始会占据主导。他们和当地的具有创业精神的家庭一起，发展起小而有活力的企业，带来了大幅增长。经济起飞的基础是苏联模式的指令经济，但带有去中心化的中国特色。前者确保了识字率、国民的基本健康、死亡率以及一定层次的工业生产在计划体制下有所改善。人所共知，如果你专注于迎头赶上，那么一些国家计划实际上是非常有用的，无论是日本和韩国式的资本主义计划，还是共产主义的指令结构。这带来实质性的工业发展。但正是后面的一种特征使得中国处于利于发展去中心化的、竞争性的工业结构的位置，这些特质常被认为是资本主义独有的。

此外或许还有一种难以衡量的贡献因素，即这一直是个高度文明的社会。总体来看，在我们过去称为"南方"的地区，今日的经济发展与其过去是否是伟大文明有密切关联，比如在印度、东亚大部分地区以及东南亚。唯一没能如斯发展的是中东地区，石油寻租国家的诅咒对其停滞是重要的贡献因素。相对没有那么成功的地区，他们文明程度总体较低，早已被欧洲帝国所扫荡，正如拉美和非洲。在去殖民化后重建被证明是更为困难的。

约翰·A. 霍尔：目前大家普遍都很赞赏中国——在某些地区则是恐惧了。人们常常提到，中国很快就会取代日本成为世界第二大经济体。但相反的论述则认为，以 GDP 衡量的中国人均生活标准还是非常低的。这个国家真的有能力进行挑战吗？就经济生活而言，它时常仍是复杂的装配之地，而不是工业研究的重要腹地。它在许多方面还是相对较弱，不是吗？

迈克尔·曼：你对人均 GDP 和人均收入的看法显然是对的，它们的数值仍然很低，仍需要很久才能达到诸如美国的水准。国内不平等的程度也同样很高。如果你去看看北京和上海的兰博基尼经销商，再走入乡村去看看贫困的程度，你就会意识到这是一个贫富差距还很大的国家。这同样也是一个高储蓄率的国家，这部分是因为没有充足的福利。市民必须为其老年做好准备，而他们的储蓄对经济发展是非常有用的。这意味着中国并不是一个特别依赖外国资本的国家。它曾依赖外国企业和科技，但没有什么阻拦科技传播，看看日本就知道了。另一个在中国经济发展中发挥着日益强大作用的特色即海外华人企业，它们长期统治了东亚和东南亚的区域贸易。海外华人带来的国外投资要高于美国和欧洲的。因为大多数科技活力都来自外国企业，包括海外华人企业，这就要求更多的科技转移。但是，似乎中国在例如替代能源的发展上并没落在美国之后。

所以我看不出任何他们不能继续发展的理由。近些年来，领导人似乎意识到他们忽略了乡村的问题，也意识到不平等和差异带来太多混乱。这并不是可以轻易纠正的东西，但是政权已经意识到改进社会公民权是必要的。

约翰·A.霍尔：或许另一个优势是中国更为种族同质化。它就没面临苏联的问题。但我承认，中国共产党似乎能够一方面通过自我净化，一方面通过变得更为技术官僚来稳住自己的根基，这很难得。

迈克尔·曼：中国90%都是汉族，这带来了社会凝聚力的优势。中国共产党从根本上重视秩序和经济增长，它的观点是党的团结是秩序的基础。不管他们如何存在分歧——他们一直存在分歧，他们也不会让分歧引发伴随苏联倒台的那种破坏性的派系之争。事实上，他们的纪律被苏联之变与"文革"之难所加强了。最终派系总是站在党的官方宣布的政策一边，不管那个政策是什么。这在内战时期已是如此。

约翰·A.霍尔：而且在历史上，当中华帝国在1911年瓦解时他们也经历了区域战争。

迈克尔·曼：当然。而且这个国家仍将毛泽东尊敬地视作国家的统一者，也正体现了这种危机感，他们也试图去避免它。

约翰·A.霍尔：现在让我们依次谈谈另外两个金砖国家，不过我们现在别忘了一个理论：它宣称强力的发展依赖于中心化的权力，这样方能进行教育和计划，但这种功能的需求可能会因此使得民主的地位大打折扣。战后，印度的民主似乎在很多时候限制了其经济发展，至少和中央集权的中国相比。就印度而言我们能说些什么？

迈克尔·曼：印度潜在的经济发展也建立在基于大量计划的经济之上。尽管印度有欣欣向荣的民主，但考虑到国家的宽广以及人口的多元，印度在相当一段时间里还是存在精英的团结。确切来说，印度国大党青睐的并非社会主义，而是为一种混合经济的本土变种所吸引。它是相对世俗化的，但仍是印度教的。这为精英提供了团结的核心，这使得他们可以处理国家中的巨大差异。

约翰·A.霍尔：民族主义者成功的奋斗是部分原因，并且在制度的层面，有印度军队的存在以及大量英国遗留的官僚技术。但其识字率远没达到中国的水准。在这个意义上，印度在创造大批在现代世界中游刃有余的人口方面还是存在巨大的问题。

迈克尔·曼：在中国也存在社会不公问题，但在印度，社会不公被更高的文盲率和乡村地区有产者更大的自主权和权力所加固了。就像东亚其他国家一样，印度的计划经济中逐渐出现了朝向更为去中心化的市场经济。和中国相比，印度的自主性程度更高：其国外贸易的数额也更小，没那么依赖外部金融。外部金融对经济的促进不太大。近来的一些研究已经表明，在世界范围内两者存在负相关关系。你接受越多的国外资本，你就会发展得越不好，这是非常有意思的发现。

　　约翰·A. 霍尔：俄罗斯的案例也是相关的。它接受了大量的外国资本，而精英们将更多的资本输出给西方银行。最后的案例是巴西，1964 年军事政权的格言便是"通过进步实现秩序"。进一步说，它有唯发展主义的意识形态，即一种孔德主义。你仍能看到实证主义的教堂。

　　迈克尔·曼：此处我必须承认自己的无知。我并不知道巴西为何近来取得了高速经济增长，我也不确定为何它会被放入"金砖四国"中。这是个很大的国家……

　　约翰·A. 霍尔：……并且它拥有丰富的自然资源。事实上，我们刚才所谈论的国家都有着广袤的疆土。

　　　　我们需要对金砖四国做一个总体的评价。他们或许比你刚才所说的要更为团结。他们似乎在诸如 WTO 这样的地方一起行动。美国最初创建了世界政治经济运行的规则，并且有时也有能力去改变它。金砖四国是否有足够的能力去真正挑战它？

　　迈克尔·曼：他们有延缓协议的权力，这已在 WTO 中显现。他们中的一些国家可以和其他发展中国家一起行动，比如在处理气候变化方面。我们必须记住，许多更为穷困的国家甚至中等收入国家在外交和政策建议方面都是人力有限的。他们甚至不能派代表团参加国际会议。我认识一个埃及外交官，他时常出席联合国教科文组织的活动场合，但代表的是整个非洲，因为其他国家没有资源去派出代表。中国在气候变化会议上发挥了重要作用。这是个庞大而专业的代表团，更为贫穷的南方国家依赖它来代表它们的情况。在"谁污染了世界"这个议题上，事关利益的冲突十分有名。发达国家从过去到现在都污染得更严重？还是发展中国家在工业化过程中导致了污染加剧？中国仍然代表贫穷国家的利益，尽管它正在变得富有。因此，他们面对贸易和关税、全球变暖、环境、未来可能会有的金融问题，正开始争取有共同利益的国家，但这很少由金砖国家集体组织。

约翰·A. 霍尔：我们一直在社会学的意义上讨论这些国家，讨论其政治经济学。但关于最近的金融危机有一个经济理论，本·伯南克（Ben Bernanke）就持有这种观点，他认为全球失衡在很多方面决定了个体国家的命运。中国的大量存款通过购买国库券的方式借给了美国，这使得利率非常低，它创造的房地产繁荣是这次危机的先决条件。凯恩斯在战争结束时对世界经济的最初计划是对债权国和债务国一视同仁地处罚。现在世界经济的规则需要得到管制以应对问题吗？同样的观点也可应用于欧元。希腊并不应负全责——这在一定程度上是德国存款在寻找出口。

迈克尔·曼：但并没有以这样思考并且规制世界经济整体为目的而建立的制度。中国已从其自身利益出发，决定投入更多力量以扩大内需，但我并不认为全球失衡的问题可以像这样被突然解决。

约翰·A. 霍尔：好吧，这是一个复杂的问题。美国有时会促使中国少储蓄、多消费，这样它便可以恢复其出口产业，但这需要中国资本能有效地处理未来的岁月。这是非常棘手的事情，我也同意，现在无论是世界经济还是欧盟内部都没有这样的机构去处理这个问题。

关于特定国家作为变迁的行动者，我还有一些问题，但注意力主要集中在区域和类型上。欧盟宣称是一个集体。这个集体有无挑战美国的可能性？美国很长时间里都是保护性的，这对欧盟最初的团结是很重要的。但冷战结束后，部分欧洲机构开始想象一个美国作用减轻的世界。美国的支持对波罗的海国家和波兰仍是重要的，他们没忘了自己在苏联帝国中的位置，它们还能感受到威胁。唐纳德·拉姆斯菲尔德（Donald Rumsfeld）在谈论第二次伊拉克战争时曾提到了这种区别，将欧洲分为"新"欧洲和"旧"欧洲。这表明欧洲内部也缺乏团结。我认为欧洲人总体上仍希望美国存在，即便他们有时会抱怨其代价。因此我在其中看不到挑战。

迈克尔·曼：欧盟可以作为整体行动吗？有时可以，但不常有。然而，在气候变迁方面它制定了共同的政策大纲，尽管它允许成员国自发制定目标和遵从。从中还产生了领导人声明，其政策也比其他国家更为先进。然而在 2009 年 12 月的哥本哈根，美国和中国压倒了欧盟的领导人声明。是他们的最小排放方案而不是欧洲等国更先进的提议在气候大会上得到了半数通过。

欧盟内部也有问题。显然有许多在欧盟的机构内，以及在更广泛的欧洲的政治阶级中的人希望联邦主义会进一步发展，但这在近年来遭到民众的反击。对于联邦的计划而言，近 20 年公投的历史可不是个好新闻。公投的失败多于胜利，因此现在的改革试图绕过咨询选民进行立法，政府也变得更为谨慎。所以我认为欧盟在不远的将来会停滞在它目前所到达的水平。它现在有了新的永久长官，有了领袖和国外秘书。但他们相对而言不为人知，也不能动员作为整体的欧盟。欧盟并不作为一个明确的行动者与世界上的其他地方打交道，除了捍卫那些多年前就已确定下来的利益，比如农业方面——它在农业方面的利益被少数国家劫持了。农业对欧洲的预算来说还是非常重要的部分。

约翰·A. 霍尔：是的，并且我必须补充，欧盟的预算是很小的——差不多是欧洲 GDP 的 1%。

迈克尔·曼：欧洲不存在集体的武装力量。2009 年，法国要削减其军费开支，它做了件看似不明智的事情，削减的经费使得位处德国的法德旅中的法国部队返回法国。这件事公布之后，法国政府不得已匆匆说到这并没有发生，但这体现了其行事的优先等级。欧盟在地缘政治和军事上的弱点广为人知，然而作为地理经济行动者的欧盟，其弱点在当前大衰退中的第二轮才显现出来。

约翰·A. 霍尔：对于影响力位居前列的国家来说，没有政治联盟却有单一的货币是颇为奇怪的。而且这其中还隐含着一个大的冲突，即有些大国，尤其是英国，不属于这个单一货币体系。尽管如此，欧洲人还是做成了一件颇值得骄傲的事情。如果我们想想过去40年中外交政策的成功，那肯定没什么比得上欧洲南部以及后来的中欧新国家加入欧盟。

迈克尔·曼：还有民主的鼓舞。美国政府一直在谈论民主的扩张。欧洲人在民主东进方面做得则远为成功。讨论欧盟的扩展时，某些欧洲社会科学家会使用"帝国"一词，但我认为这并不恰当。这一扩张被加入欧盟所蕴含的激励和这些国家参与的欲望所主导，而不是强制。没错，加入是有条件的。预期中的经济激励是巨大的，作为回报，新国家需要做一些事情，比如民主化。我们可以看到这一冲击横跨东欧和土耳其，这是近些年来民主最为显著的扩张。

约翰·A. 霍尔：是的，或许这也是最有稳定潜力的

扩张——尽管对于那些基础不那么充分的国家，比如
保加利亚和罗马尼亚，它们得花些时间才能充分稳固。

迈克尔·曼：当然，这些国家在两次战争间隙已经经历了
相当不完美的民主，其中一些国家现在更容易发展民主，因为
少数族裔的问题在今天没那么突出。不幸的是，对少数族裔的
种族清洗出现在战争及其余波之中。

约翰·A. 霍尔：让我们从潜在的挑战者转向那些被
排除在外的国家。拉丁美洲如何呢？

迈克尔·曼：拉美发展中的有趣现象是，当地土著对公民
权的呼唤很晚才出现，尤其是在安第斯山国家。这使得政治更
为左倾，转向土著和老左派代表的粗糙联合。这产生了影响，
减弱了美国在南美的力量。

约翰·A. 霍尔：所以玻利维亚和厄瓜多尔在进行基
本的国家建设，使得他们的历史处境与中国和印度大
相径庭？

迈克尔·曼：征服的模式、叠加在种族差异之上的阶级差
异，包括进口的奴隶，产生了高度不平等的土地所有权。国际
战争相对缺失，意味着税率很低，大众运动更少聚集于国家之上，
国家依旧是虚弱和党派化的。这一切使得这块大陆在20世纪中
期停滞不前。但现在，正如你所说，随着原住民要求完全公民权，
民族国家正在获得巩固。与美国的短距离、美国在这个半球上

的强大权力，都一直是个问题，但问题已经从海军转移到了毒品。哥伦比亚和墨西哥都因近邻美国对毒品的消费而大受其害。

约翰·A. 霍尔：这一跨越国境之流通对社会科学家而言是一个问题，他们不但高度依赖于国家的数据，而且涉及其中的数字理应是巨大的。

迈克尔·曼：这可能是最大的全球工业，紧随其后的或许是武器市场，这些在国际统计数字中都不会出现，因为非法流动是当代资本主义最为真实的跨国特征。农民发现种植鸦片或大麻并卖给走私者有利可图。因为这是违法的勾当，此中还涉及准军事的武力。在哥伦比亚，它与土地战争紧密结合，左翼游击队会捍卫农民的利益。在墨西哥就没有这种联系，但它在摧毁墨西哥的国家、政党和警察系统。

约翰·A. 霍尔：拉丁美洲中自然也有不同的变体。智利的模式现在看来相当成功，阿根廷则颇为独特地受其民粹模式困扰，丧失了其原有的地位，它曾是世界上最为发达的国家之一。

思考着这些不同的种类，我们可以转向讨论失败的国家。对我来说，这一概念并不精确。人们想到的大多数案例，都是那些从没有过基础性权力的小国家，但这一概念也可应用于苏联！事实上，有的国家虽然失败了，但后来又恢复了。所以我们还是更为明确些吧，我们先从阿拉伯国家谈起——我还是更精确些，谈谈伊斯兰国家。它们当中有不少取得了相当成功的增长率。这是否会发生改变？我们或许该想想那现在已不为人信的旧观点：天主教抑制了拉丁美洲的发展。还有一种声音不时会出现：女性的地位——特别是低层次的识字率，还有生育模式的巨大后果——是发展的巨大阻碍。你怎么看？

迈克尔·曼：你提出了好几个问题。就中东而言，我们必须将石油国家和其他国家区分开。前者的独有问题是，国家攫取了主要的财富来源，因而也并没有显著的、和国家分离开的公民社会。唯一的主要财富来源由国家把持，因此也并不需要收税，其国民也并未因此发展出对公民身份的强烈诉求。他们在国家面前是恳求者，而国家将庇护给予那些它所需要的忠诚之士。至于不产石油的国家，它们常常也是局限的庇护国家（patronage state）。只有伊朗和土耳其有广泛的中产阶级群体（如"bazaari"，即商人工匠团体），并且也有工人要求更具代表性的政府。在阿拉伯语国家，《古兰经》压倒一切，其余书籍产量萧条，世俗文盲率也是个大问题。与之对抗的运动显然失败了。阿拉伯社会主义、阿拉伯民族主义还有军事政权都没有带来更好的结果。

约翰·A. 霍尔：可能的解释包括，他们是半军事国家，他们觉得必须在巴勒斯坦问题上对以色列有所回应，这一因素影响了该地区社会发展模式。这是个尚未解决的地缘政治问题，让它与我们所讨论的世界上其他地区都有所不同。

迈克尔·曼：这对非石油国家来说是这样，比如黎巴嫩、叙利亚、约旦、埃及，他们都是以色列的邻居，他们参与的对抗以色列的战争总的来说都失败了，他们都维持着强大的军事力量。当然，埃及和约旦现在得到了大量的美国援助，它们也不会和以色列开战，但目前外国援助在发展方面成效不大，并且埃及政权似乎变得更为威权主义，而非更不威权主义。

约翰·A. 霍尔：非洲也有许多变化，但人们普遍认为，其社会是被维持国家边界的外部协定凝聚起来的，这保护了那些缺乏民族团结的极弱小国。

迈克尔·曼：殖民主义的遗产在这里还是非常重要。有那么一两个地区曾聚集大量白人殖民者，但对大多数国家来说，它们只有在拥有重要自然资源的地方才会发展起来。有的地区发展起了密集型经济作物农业、大农场和矿区，这些地区通常通过铁路或河流与首都（通常是港口地区）联系。但内陆的大多数地区、疆域的大多数部分，其实没被殖民权力真正控制过，它们大体上还是独立的。

现在殖民权力已经离去，有利可图地区的盈余也不再以运到伦敦或巴黎为主，但它还是被唯一的基础设施运送到作为整体的国际经济中去。内陆地区再一次失去联系。只有在第二次世界大战期间英帝国和法帝国的末日时期，以及紧随其后的岁月中，才涌现了针对发展方面的投资，这创造了更有教养的城市中产阶级以及工业劳工。这对殖民权力并无助益，因为这些部门发展起了工会以及劳工反抗运动——这构成了非洲民族主义的基础。殖民权力被自己的创造物所驱逐。但新的民族主义在过去以及现在都很薄弱。并且，如果现在那个区域有了价值连城的资源，当地的精英可以谋求另类方式将资源送到全球市场上，绕过国家及其首都。这会导致内战的状态和国家进一步的衰弱。人们过于广泛地将"失败国家"的概念运用于非洲国家上，但它们的常态是这样一种弱国家，政权收买了可能导致暴动的城市人口，乡村精英则可与首都进行独特的交易。比起欧洲过去所为，或许印度和中国能更好地帮助当地的发展。

约翰·A. 霍尔：*所以你的判断是，这些国家发生扭曲、缺乏发展，部分原因是帝国对待它们的方式？*

迈克尔·曼：我是这样认为的。尽管要证明这一论述需要进行严肃的假设性历史分析，看看如果没有殖民主义会发生什么。殖民主义的确破坏了这些国家，因为它摧毁了既存的政治机构，尽管这结构通常并不强大，但它们是土生土长的，对当地的社会关系有所约束。如果非洲是独立的，我猜测这些约束能逐渐进一步发展，在区域上乃至后来能在更广阔的范围内带来更丰富的生产和贸易。殖民主义摧毁了既存的制度，却不填补相应制度，这可能的确破坏了整片大陆。这似乎是大多数量化分析的结论——他们将殖民主义的年份与经济发展进行相关分析，当然其数据并不佳。

约翰·A. 霍尔：我有个与前面的对话有关的令人烦恼的问题。在发达世界中经济和政治发展的最后一步似乎是创造相对同质化的民族国家。人们不想看到非洲国家依循欧洲战争中的种族清洗模式。你能想象这些国家可能会发展出一种制度，使得他们成功发展出拥有多民族特征的政治吗？

迈克尔·曼：首先，我们在过去数十年间得到了鼓舞。虽然我们还是会使用南方世界和北方世界这样的词汇，但是很多国家仍发展得很成功，和那发展似乎普遍受阻的时代，以及一些似是而非的理论如"依赖发展""不平等交易"假定北方的成功之条件正是南方失败的时代大为不同了。东亚、东南亚、南亚、东欧、巴西、南非以及其他非洲国家的兴起似乎是鼓舞人心的。

其次，虽然同质性能有所帮助，但是它并不一定是必要的。印度就是明显的例外，巴西也是。最后，欧洲从多民族到单一民族国家的运动和他们的帝国竞争者（imperial rivalries）息息相关，与他们在战争中的失败和消耗密切相连。多民族国家在战争中的表现似乎不如民族更为单一的国家——至少这是政治领袖们自己总结出来的。但现在国际战争相对没那么频繁了。在非洲也不频繁了。欧洲史是国际战争的好例子，但这不是拉美和非洲的历史。

非洲的战争大部分是内战。其中半数都有某些民族特征，但我怀疑导致大多数内战的，不管是否是民族战争，都是地区间的权力资源冲突。由于我们在我们的媒体上只会听说非洲的坏新闻，我们通常没有认识到，大多数非洲国家并未被饥荒与内战撕裂。事实上，多民族并不具有普遍的危险性。如果民族甚多，那么政府必须至少和其中的部分族群联合。危险的情况是双种族或三种族国家，每一个群体都能组成政府，并且歧视另外的群体，我已在《民主的阴暗面》中提出这一观点。尽管如此，真正极端的结果只有在被歧视的群体觉得他们能够反抗时才会发生，并且这通常只有在这一群体能得到国外援助时才行。这就是卢旺达的情况。在苏丹，压力因环境变化而来，沙漠化将向南行进的阿拉伯牧民推向达尔富尔的非洲农民。[4] 这在非洲并不典型，或者说这在任何一个大陆都并不典型。

约翰·A. 霍尔：现代世界的战争是否改变了性质，导致这些内部存在族群分隔的较弱国家成为冲突之地？

迈克尔·曼：但在任何时候，只有为数不多的非洲国家经历内战，并且战争只在一小撮国家频繁出现——苏丹、索马里、刚果——但就连这些国家，战争也是可解决的。非洲国家都有防止分裂的共同兴趣，因为如果分裂轻易发生，它们全会变得十分脆弱。外交制度也已帮助减轻国际战争的情况。主要的问

---

[4] 环境与气候的巨大变迁使原居住于北达尔富尔的苏丹阿拉伯族牧民逐水草南移，于是影响到居住在达尔富尔南部的苏丹黑人部落的利益，战火时断时续，百姓惨遭波及。

题还是在发展过程中，如果侧重地方基础，这一基础又通常与自然资源有关——比如石油——那么冲突就很容易在区域间滋长，比如尼日利亚的情况。区域间不平等或许会增加地区宣告自治或独立的可能。

第七章　群体能动性

约翰·A.霍尔：让我们将目光从国家转到特定的社会群体上，以不同的方式考察一下现代世界中的能动性吧。我们应该牢记你长期以来的社会学见解并将其作为背景知识：社会运动的力量依赖于宏大的世界观念，依赖于整体感（sense of totality）。你一直强调，社会运动并不纯粹出于经济差异，这也是国家的政治排斥的结果——政治排斥使得情感统一，创造出群体中的动力。简单来说，社会运动随着它与之互动的国家而改变。比如，国家的行动带来独特的阶级凝聚力，加上俄国的整体排斥行为，多次创造出了诚心投入社会革命的工人。

相反，你最近谈论美国"大萧条"的著作极为重视那些可以导致"自由党－工党"社会变迁的强大民众力量，但国家在这里并非排斥性的。这难道不是自相矛盾吗？

迈克尔·曼：我并不觉得这是矛盾的，因为俄国工人被彻底排斥，他们发动了革命运动。但美国工人只是被部分排斥，因此发展出了改良主义的运动和现存的权力结构打交道。美国已存在颇为温和的工会，并且它们有所扩张；同时，更为"自由党－工党"化的改良主义出现在基于两党政治的白人男性民主中（这种民主是包含了工人的）。工人在政治上并未被排斥，但他们在城市－工业国家中建立工会和影响国会参议员、众议员的能力，使局部转型的政党进一步成为阶级政党。民主党成为劳工党，进步共和党衰落，共和党将自身确定为商业之党。南方并不适用这一模型，因为在那儿种族仍然是政治主轴。

约翰·A.霍尔：所以，直接的阶级压力——尤其是高度的工会化——加上"大萧条"的经历，可以自下而上带来显著压力，并导致重大改革？

迈克尔·曼：是的，带来改革。他们还得到了援助，因为失业率高达劳工总数三分之一，这影响了许多人的生存标准，包括旅馆主人、店铺老板，还有那些买不起东西、付不起租金的受苦人。当时存在更为广阔的共同情感，使其不仅基于阶级。工会的增长、工业工人阶级日渐增长的战斗性或具有先进性，但改革也得到许多普通人的支持。因此民粹主义和实用主义的自由主义政客比如罗斯福总统和瓦格纳参议员就看到了机会，以改革议程拿下选举。

约翰·A. 霍尔：所以，有时工人阶级运动反会成为推动改革的平民运动？

迈克尔·曼：在 20 世纪中叶以及随后的战后时期，情况的确是这样。我们谈论的仍是工业化社会。工人阶级不知不觉进入平民阶层，进入民众之中。

约翰·A. 霍尔：之前的提问是为了为一个当下的现实议题做出铺垫。在许多发达资本主义社会，工会参与率已大幅下降，特别是在公共部门之外的领域。这当中当然有许多变量。不过，工人阶级与平民运动是否已经偃旗息鼓了？

迈克尔·曼：这取决于你谈论的是哪个国家。如果你指的是欧洲的发达国家，由广泛的左倾民粹主义支撑的工人阶级激进运动在可见的将来肯定会消逝。他们会保卫现有的制度，但就仅限于此。

约翰·A. 霍尔：防卫式运动也可以变得相当强大，特别是当它容纳了新的元素，如斯堪的纳维亚的妇女，她们渴望维护自身的社会权利，同时她们也有更广泛的关注，即医疗保险。但这是防卫性的，这是在试图保护已有的东西。

迈克尔·曼：和过去相比，现在的工人运动中女性更多了，因为现在全职劳工市场有了更多女性，也因为女性在 20 世纪中迫切要求更为广泛的公民权。但女权主义和美国民权运动倾向于将对抗性的政治从阶级议题转向所谓的认同政治。它们已扩展到了其他形式的个人认同，如性偏好和残障。

比起社会平等，认同政治更关注平等的公民权利和政治权利，至少这是其出发点。英语国家中劳工运动的颓势最为明显。在美国，我们看见了对抗的右翼民粹主义的增长，某种程度上有反对大企业色彩，但它更显著的是反对大政府。劳工式微部分源于根本性的力量，如从工业向服务业转型意味着工人会身处更小的工作单元，这使得松散型就业扩张，工会化也就难以发生，并且中产阶级左翼也并未真正变强。因此劳工运动的前景并不美好。劳工运动似乎是20世纪的现象，在接下来这个世纪的发达国家中，它不会有如此主要的地位了。

约翰·A. 霍尔：政治有其生命周期，我们也不该将其过度普遍化。然而，在严重衰退中，左翼做得并不好，这体现在两方面：国家在向右转，左翼也没能做出回应。

迈克尔·曼："大萧条"的经历是这样的：在"大萧条"初期，除了加拿大政府，任何在位的政府都丧失了权力。在有些国家，这意味着向左转，正如美国和瑞典，但有的国家向右转，如英国和澳大利亚。同时，德国转向法西斯主义，日本转向军事主义。但它们都能广泛动员大众——无论左翼还是右翼中都存在着民粹主义。眼前的衰退并没持续那么长时间。它或许也会有相似的效果，但不同之处在于，并没有人反对金融部门本身。这并不是一个工会化的部门，也不是非常工人阶级化的部门。对于普通人来说，金融似乎难懂而遥远。在这方面，这和"大萧条"不同。失业以间接的方式出现了，你其实并不知道应该怪罪谁。南方世界中反对结构性调整方案的激烈反抗运动出现时间并不长，而现在没有什么可与之比拟的东西。所以这次衰退似乎并没引发直接的阶级冲突。人们会憎恨银行家，但这没有和左翼或右翼的民粹运动联系起来。争论都是技术性的，能插手的只有精英们。

约翰·A. 霍尔：银行家们不是国家。在某种程度上，他们并不直接影响你。他们要更为捉摸不定。

迈克尔·曼：没错。现在毫无疑问的是，如果衰退持续下去，那么全世界的政府都会被踢下台，因为事情会被归咎到它们头上，但两者还是不同的。

约翰·A. 霍尔：我想大体评论下你新近的著作。现代社会学不管是处理自由主义改革还是描绘民族主义的特征，都忽视了阶级元素，你对此颇为恼怒。我这样归纳对不对？

迈克尔·曼：阶级永远是重要的。我们在讨论的是工人阶级的衰退，但资产阶级仍生气勃勃。马克思主义者能提醒我们注意到这点，即使他们的分析维度颇为单一。剖析资本在社会中的权力的社会学忽视了这一点，真是不可原谅的。

当然，有的人还在讨论阶级，但大多数社会学家并没有这样做，甚至有人相信"阶级已死"。另外，在那些关注阶级之人中，也有一种夸大资产阶级中跨国能力（transnational capacity）的倾向，他们倾向于谈论全球性的资产阶级。我认为正相反，资产阶级是一个双重实体：尽管存在强大的跨国因素，它们仍与资本主义强大的国族结构纠缠，资本主义终究需要国家管制，并受益于国家管制。

约翰·A. 霍尔：另外两个阶级也值得考察。其一是传统的拥有土地的上层阶级——用你的话来说，是"旧制度"的成员。此处似乎需要做出区分。有时旧制度可以成为民主化的力量——他们可组织平民保守政党，英国正是如此。但更通常的情况是，他们软弱且恐惧，有时通过分而治之的策略维持了权力，有时则以其自身目标动员人民，他们通常会是民族主义者。你对此做出了理论性观察。是否可能以这种方式建构关于上层阶级的宏大理论？

迈克尔·曼：旧制度在 20 世纪上半叶是非常重要的。非法西斯主义的威权主义政权都由他们所占领。他们和墨索里尼达成了交易；他们无法控制希特勒，但他们对他的崛起至关重要。在英国这种带有旧制度的国家，他们以民主的方式幸存下来直至战后，但我认为他们很大程度上已经被撒切尔的革命终结了。

现在英国起主导作用的精英完全是资产阶级精英。我认为，美国南方的旧制度仍以一种奇怪的方式残留着。

约翰·A. 霍尔：他们在军队中人数过多？

迈克尔·曼：是的，他们也控制了南方的政治进程。种植园主不再有，但除了资本家外，还有商人和本地的专业精英。

约翰·A. 霍尔：我同意，在欧洲，旧制度发展出适应而非对抗资本主义的能力，现在这已成为世界很多地方的问题。

迈克尔·曼：在拉丁美洲，旧制度群体仍然十分强大。这个半球的大部分地方从来没发生过土地改革，财富的差异与土地及其资源的占有以及国家密切相关。在这里，旧制度幸存得挺好，这部分是因为他们有美国支撑着对抗共产主义可能的威胁。在东亚部分地方，情况则要不一样，地主阶级和旧制度因其与欧洲和日本帝国的媾和而受到连累。战后发生了土地革命，许多国家的旧制度精英都遭到削弱。

约翰·A. 霍尔：我最后问一个阶级方面的问题。这次我们关注的是农民的问题。你认为 20 世纪晚期的革命取决于农民。但这对于我稍后会问到的其他革命来说并不是必要的。在未来，农民会拥有作为阶级行事的能力，还是注定会随着发展走向消亡？农民是否曾成为一个阶级？

迈克尔·曼：20世纪中期的中国革命后，世界上涌现了一大波农民革命。中国人认为，革命是可能胜利的，旧制度气数已尽。但这种革命需要世界战争的偶然性才能胜利，但他们将农村阶级斗争和全国反抗帝国主义的斗争结合起来，这使得中国的影响遍及整个东南亚。如果只依靠本国国内的力量，那么整个朝鲜都会灭亡，越南也是一样。拉丁美洲的案例与之不同。他们最初试图在乡村地区开展土地改革，但你这样不可能不攻击到国家。它们还是攻击到了国家，不过大都不成功。

约翰·A.霍尔：左翼思想家们曾觉得可以采用毛主义在世界大范围内掀起农民运动。

迈克尔·曼：在拉丁美洲有两例成功个案，即古巴和尼加拉瓜——但后者被美国颇为强大的干涉所削弱了。事实上，革命力量的衰退部分源自美国的反革命角色。吸取了经验的可不止革命者。在朝鲜战争后，美国决定倾尽武力来对付革命，即便要采取"焦土政策"（scorched earth tactics），杀害成千上万的人，摧毁共产主义政权的可信性。在朝鲜、越南或尼加拉瓜之后，邻国哪里还会模仿其左翼人士试图夺权？目前的革命理论思想轻描淡写叛乱力量，而强调旧制度国家的弱点，强调个人独裁最为脆弱。农村运动几乎不可能推翻基于城市的政府，除非政府内部分崩离析。这也许是对的，但美国的外交政策让农民革命或其他左翼革命更不可能发生。

约翰·A.霍尔：让我们再谈两个"群体能动性"的问题。

首先是知识分子，他们常常也是革命家。他们在中国的案例中显然发挥了非常重要的作用，他们接受了长时间的训练，并且能和当地接触，在革命中改变自己。知识分子凭借自己力量发展并逐渐演变出军队的案例着实不多。你同意吗？

迈克尔·曼：是的，这是马克思主义大潮中的独特历史之浪。他们对未来有着强烈愿景……

约翰·A. 霍尔：而且在苏联的成功之后，他们还拥有了可以复制的模型。

迈克尔·曼：是的，在苏联和共产国际援助他们之后便是如此。我们必须记住，中国共产党中最初的工人阶级运动被蒋介石在 1927 年在上海发动的清洗削弱了，党的剩下的精英以及新招募而来、被送到农村地区去的年轻人是学生、教师之类的。没错，这是场在各个层级都由知识分子领导的革命。当然，如果没有别的矛盾他们也不会如此成功，但他们有着对未来的愿景，有着推动其前行的意识形态，并且也有深受广大农民欢迎的可行的改革方案——土地改革，减租减息。他们一开始犯了过于激进的错误——至少这是毛泽东等人从江西苏维埃政权的失败中得出的结论。因此他们学会了采取温和的措施，在不没收土地的情况下减租减息，他们学会了实用主义的价值，和地主以及与之竞争的民兵组成临时联盟。他们学着实事求是、因地制宜。他们坚定信任其意识形态，这在情感和道义上强有力地支撑着他们，但他们也同样知道他们在方法上必须采取与中国的具体实践相结合的态度。

约翰·A. 霍尔：其他采取苏维埃模式的人没有那么实用主义，最后就失败了？

迈克尔·曼：在不同的根据地之间采取的不同模型实际上存在竞争，失败者便死去了。马克思与毛泽东的结合在世界上风行一时，有成功的案例，当然也可以像中国那样自我改革。这种路径大概已经结束了。

约翰·A. 霍尔：因此，这一路径只是一个特殊的历史片段？

迈克尔·曼：正确的隐喻是浪潮，它席卷世界，又在数十年后终结于世界的偏僻之地，如尼泊尔或恰帕斯。

约翰·A. 霍尔：知识分子会因为他们拥有对世界的愿景而变得强大起来。我们现在也能如此形容一些伊斯兰知识分子，或者埃及和沙特阿拉伯普遍意义上的知识分子，他们是受过高等教育的精英，成为重要的历史行动者。

迈克尔·曼：略有相近的案例是法西斯主义，但它失败得更快，因为它过度依赖军事主义。非洲的社会主义、阿拉伯的社会主义中，受过高等教育的精英（通常是军官）有着更宏大的企图，但这并未产生好结果，它便走向式微。现在，穆斯林——

伊斯兰教徒——取而代之。

约翰·A. 霍尔：在我看来，它并没有如此强大的社会组织能力。

迈克尔·曼：因为它并没有一个完整的愿景，它在经济发展的问题上态度支离破碎。

约翰·A. 霍尔：当然，我们还可以将知识分子理解为"受过教育的人"。发展是社会进化的力量，推进了教育发展、创造了大学。值得注意的是，失业的学生深刻影响了特定的革命契机，正如伊朗的情况。未来或许会有更多这样的情况。人力规划并不容易搞好，因此很容易过度教育一大批人。另一案例便是受教育的锡兰人的"过度生产"，他们的失业带来了怨恨。这是不是现代世界潜在的不稳定力量？

迈克尔·曼：是的，不过想想印度的案例，虽然它们的毕业生也人满为患，但似乎没有带来麻烦。不过或许印度教极端主义者会雇用这些人。

约翰·A. 霍尔：还有最后一个群体需要考虑：准军事力量。在你对 20 世纪的分析中这些行动者举足轻重。但现在缺乏国家间的战争，这意味着它们在当代世界政治中没那么重要了。

迈克尔·曼：这取决于我们讨论的是世界的哪一部分。20

世纪初是准军事力量的确切历史起源。战前已经有许多男人在预备役中得到训练，市民社会中也有值得注意的训练力量，如童子军。1914 年，动员大众的战争出现。战后，战败国中爆发了革命骚乱，许多不满的退伍兵组成了准军事组织，特别是右翼组织，通过冲突强行实现他们的解决方案。所有的法西斯政党是从这些准军事组织中发展而来。日本军事主义同样依赖于其国内暗杀温和派将军和政客的持械年轻军官突击队。

然而，同时期在美国，此前对抗土著和工人的准军事力量迅速消退（除了 3K 党）。第二次世界大战后准军事力量再无发展，因为战争导致战败者被胜者占领和控制。准军事力量再也不能被容忍。唯一的例外则要属后来的南斯拉夫，共产主义的崩溃引起种族冲突，持械男性准军事力量数目大增。如今在发达国家，准军事力量并不显著。

其他地方的情况有所不同。此前成立的准军事组织通常都是对内战的回应，并呈现出民族的形式。非洲和亚洲的一些准军事力量还包含童兵。在非洲，准军事力量变得非常活跃，并受小型武器的国际贸易所助。有些国家的武力量也非常不正式。当然，我将军事权力从政治权力中分离出来，准军事主义发展的程度是其中一个原因。

第八章　结果

约翰·A. 霍尔：我将要谈论最近的历史的结果，看看能否发现可能在未来重复的趋势。我们先回顾一下你的解释，你认为近来的战争是社会变革的重要力量。让我举个例子。你对第二次世界大战后英美分流的解释主要在于，英国通过"人民战争"创造出一种团结，这在美国并没出现——美国本土并没受到攻击，因此它也缺乏这种推动进一步改革的团结。我说得对吗？

迈克尔·曼：有一个限制条件：美国的退伍士兵得到了《军人安置法案》的保护，那些在第二次世界大战中做出牺牲之人得到了丰厚的福利。这是更为传统的福利形式，更像退伍士兵可得到政府工作的魏玛德国。

约翰·A. 霍尔：在欧洲，战争和社会变革之间有着紧密联系，那些并未参战的国家也受到波及。这导致欧洲在 1945 年后做出历史性的阶级妥协，结果便是普遍的福利制度和自由主义公民身份。

迈克尔·曼：那些保持了中立的国家还是受到严重影响。普遍受苦的气氛中，定量配给被引入了。这同样促进了福利制度。促进国家团结的一切也促进了福利国家出现。欧洲大陆的巨大妥协不一样。战争的结果是，极右翼被削弱，甚至被摒弃，因为人们厌憎他们造成的破坏。在高层中纳粹显然还有所残存，但他们也只能追求自身的个人利益。作为一项工程的法西斯主义已经失败。

在大部分国家，极左势力也被摧毁了。在西德这尤为明显。法国和意大利有所不同，因为共产党在战时抵抗运动中占有很大比重，希腊则有内战。大体上说，"可敬的右翼"（the respectable right），特别是基督教民主党，以及温和左翼，即社会党，在重铸经济方面有共同的计划，并都有进行妥协的强烈动机。天主教会最后也和中间偏左派休战。"基督教社会主义"充满那些试图与社会民主兼容的基督教民主党派。这些国家在20 世纪上半叶没能达成的事情突然成为可能，同时极左势力和极右势力都被消除了。至于法国和意大利的情况，在美国的影响下，他们不信任共产主义。希腊则在英国的帮助下约束了军事力量。

但总体而言，它们还是做出巨大妥协，这很成功，并且持续了下来。第二次世界大战在自由主义国家激发了累进税制，在欧洲的大部分地区带来了改革的福利国家。这成为实现更完善的社会公民身份制度的可选道路。

约翰·A. 霍尔：人们会沮丧地看见，其形成很大程度上来自20世纪欧洲战争的特质。现代化理论家们认为欧洲模式可以随处复制，他们大概是错的。或许只论教育还有道理，但要说整个欧洲模型，虽变化万千，皆需要战争使之运转。这难道不正说明，这无法在他处复制？

迈克尔·曼：或许吧，但我觉得我们必须谨慎一点儿，因为我们还有别的道路。两次世界大战或许带来了巨大的混乱和转向，但就发达国家而言，社会公民身份的长时段发展轨迹也变得清晰，左派可以将其改革政策用于国家团结。这是北欧的路线，也是受战争影响最小的路线。工人阶级左翼的激流可在全国范围内获得更大回响——在有的国家，另一主要危机"大萧条"也推波助澜——因而社会公民身份在走上坡路。如果工人阶级没被严重排斥，那么不同形式的阶级妥协很可能会出现。妥协的形式在第一次世界大战前就已可见。其自由主义的版本——政府远离劳资关系——在英国建立起来（美国则并非如此，美国政府仍然会选择性地压制劳工）。北欧国家则拥有可以被称为"法团主义"的元素，国家在劳资谈判方面发挥更大作用。基督教发展出更偏向基督教社会主义的派别。教会、俾斯麦主义者还有自由党人（如大卫·劳合·乔治）都试图通过发展社会计划来阻止社会主义。福利项目的最初萌芽出现在所有国家。这些元素已经存在，但其组合以及国际性的、宏观区域性的变种没出现。20世纪上半叶的三个巨大危机帮助了它们的发展。

更为普遍的问题是，如果没有两次世界大战，那么世界会是什么样呢？这涉及一系列反事实。我们更容易理解中国和地缘政治问题上的相反结果。要是没有抗日战争，国民党可能会赢得内战，中国和日本会持续在亚洲对峙，而权力的天平会逐渐远离日本（不管怎样，这已经发生了）。此外，德国的权力或许会一直保持强大，它的经济权力比不过美国，但在地缘政治上或许旗鼓相当；英国、法国和其他国家或许会更为缓慢地失去其帝国和权力，这对前殖民地的发展或许更为有益。我们能否想象一种更为温和的法西斯主义持续了下来？欧盟不存在，而美国的新政也坚持了更久（总体来说，战争使新政受挫）？或许吧。可能性是真实存在的。

但我们知道的是，这不可能被重复。不会再有一场导致接近全面毁灭的战争，也不会再有大战发生，因此在军事权力关系方面，世界上再也没有突然的、重大的挑战。这样，重大的结构变化更不可能发生，至少要驱逐现有的权力精英变得更为困难。这次大衰退或许也不会引起大的改变。略有崩溃的民主形式，包括美国的民主，或许比我们所预料的要活得更久。全球化会在资本主义和民族国家的范围内继续存在，但也会逐渐逃离美国的主导。

约翰·A. 霍尔：知识分子津津乐道于激进变革的戏剧性，他们会浪漫化创造新世界的观念。当然，知识分子应该记住，观念的变化不止包括布尔什维克主义，还有法西斯主义。或许一个没那么戏剧化的世界，一个某种程度上更沉闷、更保守的世界，至少能避免灾难发生。这一系列道德方程式是没法计算的，但改变并不总是好的。

迈克尔·曼：当然不是。但我们在讨论宏大的妥协，它使社会关系变得稳定，以终结诸如世界大战、法西斯主义和大屠杀这样的巨大灾难。

约翰·A. 霍尔：战争很可能只是加速了本来就会发生的事情。但在另一个领域——如革命，在我看来，战争的作用还是首要的。要是没有战争击溃政权的影响，那么20世纪的革命如何可能发生？

迈克尔·曼：这对主要的共产主义革命而言当然是对的。就俄国革命、中国革命还有越南革命而言，战争是必需的条件。但对古巴、伊朗还有其他零星案例而言，事情就并非如此。正统的比较社会学会将每一场革命看作同等的案例，这容易走入歧途。布尔什维克革命和中国革命这两场成功的革命改变了世界，它们是由战争诱发的。如果人们对沙俄政权的态度不改变，沙俄进一步地发展工业也会产生革命，但这革命会被压制。

约翰·A. 霍尔：伟大的社会学家，如托克维尔，都曾说过革命会在现代情境中变得更为稀少。某种程度上，你也在说同样的观点，但你强调的是地缘政治的重要性，而不是消费文化的冲击。你是否认为，只要没有大规模战争，革命就更不可能发生，或者永不可能发生？

迈克尔·曼：但或者会有和战争相当的大型混乱。

约翰·A. 霍尔：那会是什么呢？

迈克尔·曼：国际集体协商无法解决的环境危机，会导致真实的战争，或带来巨大的政权混乱，消灭国家的压制权力，并导致革命——这场革命就无所谓左翼右翼了。

约翰·A. 霍尔：但除此之外，发生革命的可能性微乎其微。这样的话，切·格瓦拉认为革命在现代社会随时可能发生的看法是否是完全错误的？毕竟，他本人已被杀死。

迈克尔·曼：他在玻利维亚是不会成功的。

约翰·A. 霍尔：或许在哪里都不会成功？

迈克尔·曼：很可能，但这部分是源于美国在镇压战后革命中发挥的作用。为了阻止革命，美国情愿进行破坏。所以，即便没有击败越共，也要让越南变得无法居住，让邻居不会重蹈覆辙。类似地，还可打一场消耗战，压倒政权，就如同尼加拉瓜的情况。美国同样帮助哥伦比亚压制了一场没那么严重的革命。

约翰·A. 霍尔：你所说之事的明显例外是伊朗国王，他有训练严密、武器先进的庞大军事机器，可他还是失败了。这似乎超出一般社会学理解革命的范围。

迈克尔·曼：这并不算脱离当代革命理论，因为伊朗革命现在已成为一种传统路径。叛乱运动，城市世界意识形态在一定程度上的渗透、派系横立、日渐衰落的政权——个人排他性政权往往如此，都被广泛认为是必备的条件。这意味着一个倾向于排除其他权力组织的威权主义统治者及其私党或法庭。这是最可能导致革命的条件。伊朗非常符合：其经济有所发展，但很大一部分跑到武装部队和国王自己的派系中去了。政权日发疏远其他精英，这当然包括伊斯兰精英和很大部分中产阶级。穆斯林的抵抗尤为重要，因为清真寺可以成为对抗力量的组织网络。

约翰·A. 霍尔：我可以看出这些，但索摩查（somoza）[1]和伊朗国王还是有所区别。索摩查的统治是彻底私人化的——用韦伯的术语说，它可被描述为"苏丹王"（Sultanist）。其家族掌握关键位置，军队也并非能人

---

[1] 尼加拉瓜总统，安纳斯塔西奥·索摩查·加西亚次子，索摩查家族最后一任独裁者。

统治。伊朗的情况看起来完全不同。军队完全是能人统治，他们受过美国的高强度训练，心中总记得要镇压反叛。为什么它没准备去镇压？

迈克尔·曼：伊朗革命分析家意见不一。有人认为大众抗议游行变得如此强大，以致军队觉得自己无法处理。有的士兵逃走了，有的士兵将枪指向自己的军官。军队觉得自己无法镇压。还有人认为国王失去了信心。他病得很重，也不想让自己年轻的孩子处在一个镇压随处可见的混乱环境中。所以他只能睁一只眼闭一只眼，反复无常地进行镇压，但这只会鼓励异议。以这种另类视角看来，将军们等待着镇压的命令，但命令没来。然后国王离开了国家，在他离开之后，真正的倾覆才发生。这是个人格主义（personalist）的政权，因此人至关重要。

约翰·A. 霍尔：就第二种诠释而言，如果残忍地进行处理——如伊朗现在的情况——你就可以幸存下来。行动很重要。但如果你指出的第一种理论是正确的话，另一个教训则是，精英必须分而治之。你不能同时疏远所有人。

迈克尔·曼：对。我只会在这传统智慧中加上，军事力量归根结底是一种优秀的解释，分裂的军队或被大众力量渗透的军队对革命而言是必要的。比起成功的革命，失败了的、被镇压了的革命要更为普遍。

约翰·A. 霍尔：如果你回望 20 世纪的这些恐怖事件，会不会觉得它们并没有真正改变历史的道路？苏联来了又去，德国又再成为大陆上的主导力量。

迈克尔·曼：如果我们以布尔什维克革命为例子，它的确从根本上影响了俄国、俄罗斯帝国、周边国家以及世界整体的历史走向，并且它持续了 75 年。

约翰·A. 霍尔：无数人在此过程中死去。这是否改变了世界的历史？

迈克尔·曼：毫无疑问。要是没有它，就不会有冷战，不会有其他地区的革命，在中国或许会有融合了强大左翼元素的、更为成功的国民党政权，并或许能威慑日本。日本会成为一个更为正常的国家。经济资源基础以及基础设施会拥有更持久的经济实力，它们会是更为长久的，并能在战后得到恢复。因此美国无论如何都会成为主导的经济力量，因为它有丰富的自然资源，并且拥有持续吸引熟练人力资本的能力。当然，如果德国是统一状态的话，它也会成为全球经济权力的一支力量。当然中国的发展也会非常不同。

约翰·A. 霍尔：说到"社会变革受惠于战争"的观念，新自由主义的崛起算是反例。自 20 世纪 70 年代末期起，它改变了资本主义社会的本质。这千变万化的力量来自何处？

迈克尔·曼：我并不是说只有战争会导致社会变迁。但我想，新自由主义并没有那么变化无常。它部分来自资本主义自身的逻辑，部分来自英语国家强国的持续统治，部分来自发达国家自20世纪70年代起的保守转向。经济逻辑的部分或许符合波兰尼对资本主义相对市场主导和相对国家主导交替循环的见解。但另外两个特征并不符合，这说明这循环部分是种错觉，其他类型的发展也同时在进行。在英语国家这是自由派权力主导的结果，其国家主义程度从未达到此前凯恩斯主义阶段我们相信的所需之量。保守主义的转向帮助我们理解为什么新自由主义偏好资本而轻视劳工，为何它会和保守主义政治联合，比如在巩固国防、主动警务和监狱政策等方面，悖论性地加强了国家主义。新自由主义者不情愿地接受了这些保守的政策，因为政治上强大的同盟可让他们实现他们的部分目标。

约翰·A. 霍尔：这并不是回到旧制度。

迈克尔·曼：绝对不是，并且也不只是回到古典自由主义。事实上，强大的金融资本主义是崭新的，它带来了此前从未出现过的问题。它来自何方？来自战后我们称之为新凯恩斯主义的政策。它们并不全然是凯恩斯主义的，因为凯恩斯主义和一般均衡理论做出了妥协，这体现在推测通胀和失业率的负相关关系的菲利普斯曲线这样的案例中。人们常说新自由主义诞生于新凯恩斯主义的失败，这在某种程度上是对的，但新自由主义同样诞生于它的成功之中——它创造了瞩目的经济增长，带来更繁荣的社会、保险制度和更多退休金，创造了支付更高税率的工人，以及国际金融角色大为增强的活跃的国际经济。

经济金融化首先在英国和美国爆发，因为它们的经济更为国际化，并且拥有更大的金融中心。但随即金融化横扫欧盟和经济合作与发展组织中的国家，国际银行将其强加于那些负债累累的国家上——除了负债累累的美国。撒切尔和里根使其适应于其他保守的目标，并成功吸引到充足的工人阶级上层和中产阶级底层投票者，他们赢下了选举，并推行新自由主义／保守主义的政策。但它在其他地方的扩散还涉及许多因素，新自由主义并没能深刻影响许多国家。它带来的增长并不多。自 20 世纪 70 年代开始，发达国家的增长一直没能达到 50 年代和 60 年代的水平。结合人口趋势，这意味着国家捉襟见肘了。这同样有助于终结国家扩张。在大多数国家——甚至在英国——国家的规模现在稳定化了。国家普遍稳定化而不是面临缩减。新自由主义者并没能成功削减国家的规模。因此新自由主义革命并未发生，发生改变的程度则因不同的部门、不同的资本主义种类和福利体制而变化。然而，或许现在，新自由主义所带来的大衰退会讽刺性地成功削减国家的规模，这还是第一次。

约翰·A. 霍尔：因此，这是幅复杂的图景。经济发生长时段的结构变化，社会团结解体，保守政客复兴，他们还携带着强大的理论。自由社会同样面临着严重的问题，预期寿命增长意味着各种福利项目的开销会比计划者所设想的更为庞大。你不觉得这对自由主义国家而言，会是段麻烦的日子吗？在发达的自由主义国家，承诺向人民做出了，但它就要难以为继。

迈克尔·曼：困难将会增加。

约翰·A.霍尔：我们大部分时间都在谈论宏观的条件。但人们或许会指出，你的解释遗漏了一些微观的元素，它们会带来自下而上的改变。我想到人口这样的问题，我记得杰克·戈德斯通（Jack Goldstone）曾指出，埃及超过一半的人口都不足十五岁。有的国家控制了人口增长，但也有国家面临着他的革命模型中所指出的危机。人口学发生在私人领域，这是非常不同的。起义力量会被大学排斥，会被这样或那样的方式镇压。人口学发生在卧室里。

迈克尔·曼：但这样的人口学力量通常是在回应其他重大变革。你所谈论的人口增长一方面来自健康基础设施的显著改善，一方面来自饮食的改善。在生育率降低前会有一个人口转型阶段，这会带来人口爆炸。这是很多国家现在面临的问题，排除妇女的完全公民身份会让这一问题持续更久。要解决你所提到的埃及问题估计得大费周章。现在问题是，这一危机会带来什么？我认为它会带来许多不同的问题。它或许意味着更混乱的社会。悲观地看待未来，如果人口增长没能迅速降低，它会与环境问题相结合，造成大饥荒这样的问题。你可以在孟加拉国这样的国家看到这样的情境，这已是严重的问题。它能带来灾难性的结果，如饥荒之类的问题，但没有革命。尽管戈德斯通如此认为，但我并不觉得经典革命和人口学紧密联系。

约翰·A. 霍尔：碰巧我也是这样认为。我只是试图让我们思考，那些过去没有出现、或许会在未来出现的力量会如何让我们大吃一惊。历史不意味着现在，它也未必是未来的好向导。

我还曾提过另一件事：在教育水平提高的情况下，许多地方会面临更大的问题，因为通常情况下，为人口中的多数者提供教育意味着他们将厌恶那些手握好工作的、来自不同民族背景的少数群体。我想在将来世界上的不少地方，新近接受教育人口的上升正是不稳定的主要来源。

迈克尔·曼：美国处理的方式是推广文凭主义。人们现在一般都认为，必须拿到高中文凭才能得到常规性的工作，本科学历要找份工作还会面临各种困难。因此国家已经适应了这种情况。

约翰·A. 霍尔：但在不少地方，如果民族标记还存在，那么任务远没那么简单。

第九章　现代性的偶然性

约翰·A. 霍尔：马克斯·韦伯的著作并未提出一套社会学定法。一方面，历史可以被安放至这条或那条"轨道"。另一方面，他强调单一共性（singular universals）[1]的重要性，这就是说，一个地方发生的演化步骤，会改变其他地方赖以运行的条件。我在你的著作中注意到，你也有相似的论点，尤其是在你最近谈论某些地缘政治领导者的愚蠢时。所以我想要问，偶然性或危机如何干扰现代性的结构。让我们先看看，你会如何定义现代性？

迈克尔·曼：我在这方面完全同意韦伯。就现代性而言，

---

[1] 霍尔在与译者的电邮中指出，在此处这一术语或有歧义，这句话的含义为"另一方面，韦伯强调那些可以改变其他社会赖以运行之条件，并因此获得进化意义的发展过程的重要性"。

我只在宽泛指涉"最近"的意义上使用这个词。我并不确定这个词的其他意思，我更倾向于不试图定义它。我想你是在问晚近和当下社会的基本特征。我的回应会区分出三种力量：工业形态的资本主义、复数的民族国家（尽管它在政治上与帝国呈现出二重性）、单数的帝国。全球化核心结构的三和弦——资本主义、民族国家和帝国——在过去两百年里带来了阶级冲突，带来了其他国内冲突以及地缘政治冲突。直到20世纪50年代前，这一过程还包括国家间战争的常态，特别是在西方国家之间。国内的主要问题是，大众在何种程度上可以作为公民参与由工业资本主义以及民族国家组成的共同体之中，而这激发了随时期和语境而变化的阶级、性别和种族亚问题。主要的结构性趋势，在国家内是朝向改革主义和扩展公民身份的方向发展，在地缘政治上则是越来越多致命战争——直至厌战情绪和核武器带来了最近相对的和平，但在较为贫穷的国家还是会有内战。

约翰·A. 霍尔：*所以人民要么成为国家要么成为阶级的一部分，或者是自由民主制的市民。*

迈克尔·曼：同时，工业资本主义和民族国家典范的结合需要以不同的方式动员大众。20世纪初至关重要的问题便是这如何发生，民主制、社会主义和法西斯主义都提供了不同的解决方案，为大众提供进入精英社会的入口。因为有三种不同选择，并且事实上每种选择都有不同的版本，所以它们都不能被看作必要的条件。民主的选项结合了不同程度的改良资本主义和政治民主，其中社会民主和基督教民主是最为成功的。并非巧合，它们打赢了冷战，也打赢了热战。

> **约翰·A. 霍尔**："并非巧合"是什么意思？想必这些更为温和的社会的胜利不是注定的吧？更重要的是，要没有苏联的武力，它们可能并不会胜利。

迈克尔·曼：我说"并非巧合"指的是他们的成功很大程度源于战争中的胜利。但正如你所说，第二次世界大战中的胜利很大程度上归功于苏联，他们是抗击希特勒的主要冲击力量。他的军事力量在东线被大幅碾压。战争同样巩固了斯大林的统治，国家社会主义第一次经受住了战争和和平的考验。但它们总是被美国及其盟友所超越，因为他们能给别的国家带来更多。因此冷战中"温和社会"的胜利虽然不是注定的，但也是符合期望的——考虑到核战并没有发生。

> **约翰·A. 霍尔**：战争的结果决定了政体——这是说，不同的结果会带来不同的制度——就这一点来说，你和盖尔纳这样的理论家非常不同。国家间的竞争让偶然性成为你世界观的核心。就目前美国更喜欢地缘政治而不是市场操纵而言，这的确仍是当今世界的情况。

迈克尔·曼：国家间战争衰落的特征是，战争现今的破坏性程度使得发动战争变得更不理智。而由于美国没有可以严重伤害它的对手，明智地考虑到它能在经济、政治和意识形态上得到的支持，它理性的选择便是使用战争作为地缘政治的工具。当然，在武器更弱、权力更弱之地亦有战争，但并不多。

约翰·A. 霍尔：所以我能理解你为什么不喜欢运用现代性的概念，因为某种程度上偶然性从一开始就是图景中的一部分，尤其是战争中所发生的事情。因此，20 世纪的特点是巨大的偶然性变迁。当时主要的危机是什么？

迈克尔·曼：有两种危机。第一是重大战争，战争比以前任何时候都要更具破坏性，并且它们源自一个将发动战争常态化的环境中。第一次世界大战就和欧洲曾爆发过的大多数战争如出一辙。它与海外帝国无关，而涉及在欧洲，强国援助其庇护国。

约翰·A. 霍尔：所以这关乎权力的平衡。

迈克尔·曼：是，这是传统的战争。

约翰·A. 霍尔：为何它变得无法控制？

迈克尔·曼：你是指为什么他们打了一场毁灭一切的战争？这个问题值得详述，因为其涉及的过程就当时的主要战争危机而言颇为典型，这在两次重大的经济危机中也有类似之处。他们是出于某些不理智的原因，这并不是一种传统的因果解释。大多数的解释都具有十分强大的理性元素。而我的解释是，战争是外交的默认模式。正常的外交努力失败之后，战争就成为可接受的选择。

欧洲在 1914 年走向战争的实际过程是颇为复杂的，其中涉及的不止一系列偶然性。刺杀大公是真正的偶然。塞尔维亚阴谋者的刺杀行动本来已经失败了，但大公的车迷路了，它慢慢地经过一家咖啡馆，闷闷不乐的准刺客加夫里若·普林西普（Gavrilo Princip）正在吃着一块三明治。普林西普敏捷地抓住了他的第二次机会，刺杀了大公及其妻子。奥地利坚定不移要惩罚塞尔维亚。奥地利法庭以大多数票通过，奥地利必须战斗以维持其地位。讽刺的是，大公的死亡意味着主和派失去其领导人。这样的论点最后胜出了："如果我们现在不战斗，那么别人也会利用我们。"但战争也可能针对俄国，它迄今还是塞尔维亚的保护者。

奥地利被德国政府所支持，受其军事支持。事实上，德国政府已决定，一旦开战，它不仅会东进攻击俄国，还会西进攻击比利时和法国。这更令人困惑，显然不是一个理智的决定。如果德国希望寻找"阳光下的土地"，那它显然也在和平地实现愿望。当时它正在工业、经济上慢慢赶超英国，并且在大陆逐渐获得霸权。更合乎逻辑的做法是将海外殖民地留给英国和法国。殖民地已没那么有利可图，虽然白人自治领和印度是例外，但反正德国也得不到它们。令人困惑的是，为什么德国领导人没那么有耐心，反而用战争取而代之。他们选择战争，部分是因为他们不相信英国会加入战斗，英国也没给他们明确的信号表示自己会加入战斗。英国当时是自由党政府，如果有战争的危险，自由党内阁的三分之一会辞职。这样就会有选举，分裂的自由党很可能会失败。

外交失利，武装力量动员开始了，这可能是防守的姿态，一旦战争爆发可以保护自己。但动员有时候会呈现出挑衅的形式。对德国而言，要动员武装力量，实际上就包括要占领比利时和卢森堡的军事车站。比利时与英法签订了协定，如果它遭受攻击，英法会前来援助。当时有的德国人没预料到英国会加入，有的德国人预料到了，但低估了英国的力量和决心。英国的力量远在天边，但它的力量是全球性的，他们没看到这点，或没预料到英国会运用皇家海军的封锁力量，并且英国（和法国）会运用殖民地和白人自治领百余万的军力。许多人听信了英国"爱好和平"的自由党修辞，他们以为英国不会真有战争乃至鏖战的胃口。因此他们高估了自己的机会。俄国人……好吧，我也可以这样继续说下去。但我的点在于，强国间不能测量到彼此的反应，这部分是因为他们拥有不同的权力型构，部分是因为国内的动机缠上了地缘政治的动机。

在此当中，地缘政治的特定逻辑在发挥作用，但会夹杂其他政治和意识形态的逻辑，偶然性也会加入其中。但面对这些困难，显而易见的是，除了对战争的准备，相关的情感也被考虑进来——不要丢脸，不要放弃，到最后就成了"我们别无选择，只能展现出我们的勇气"。就像是在操场上打架的小男孩，他们必须展现出自己的男子气概。还有另一种根深蒂固的非理性。在大多数战争中，每一方都认为自己会胜利，这是战争最基础的非理性，但这是不可能的。有一半国家会失败。

约翰·A. 霍尔：在挑战你的看法前，我会先增补你的解释。我要补充的东西就是，领导人们已惊讶于现代技术的破坏力。他们已经有美国内战和日俄战争的例证，他们理应知道工业战争会是什么样子。但他们没能吸取教训。

迈克尔·曼：但我想他们的确知道战争会有多大的破坏性，因此他们拥有战争不会持续很久的信念。他们真正低估的是他们通过动员经济和劳动力维持战争的能力。

约翰·A. 霍尔：我突然想到一个与之进一步相关的因素。一旦要依赖征兵，那么战争就必须吸引人民；战争就变成了终结一切战争的战争，变成了带来民主的战争，而不仅仅是领土的争端。

迈克尔·曼：某种程度上是如此。第一次世界大战一个奇妙的特征便是，那些理应好斗、曾经好斗的国家在最开始并没有做出非常具有攻击性的声明。

约翰·A. 霍尔：但他们不断发展之。

迈克尔·曼：德国在三个月后做出了关于领土的声明。俄国亦然。他们最开始是防卫，但后来俄国领导人开始想要到达黑海海峡。他们是为了什么而战斗呢？他们都找到了自认值得为之战斗的民族美德，找到了维持一定程度大众动员的神话。

然而，我们可能夸大大众动员的程度。它们仍是等级制的社会，人们走上战场，很可能是因为地方和国家统治者告诉他们，这是对的，他们也习惯于遵从统治者。当然，他们摆弄出了爱国的标语和符号，但核心之物是他们服从命令。这仍不是一个平等主义社会，也不是民主社会。

约翰·A. 霍尔：我们有共同的看法，但也有分歧。我会以不同的方式考察战争的风险。在我看来，从19世纪末到1945年这段时期，强国领导者们感觉他们需要两种东西：领土及举国同质的社会以保护资源供应和市场。最重要的转变时刻是在第二次世界大战后，法国和德国决定不在煤钢问题上保持独立，而是相互依赖，因此它们都没有独立的军工业。但在此之前，希特勒在地缘政治自主权方面的计划还是典型的前述思路。当国家想要成为完全的"权力集装器"（power containers）时，战争的风险就会上升。

迈克尔·曼：要这样去思考当时的奥匈帝国就颇为困难，而且就德国而言，它在欧洲东南发展出了更为非正式的帝国或曰霸权。德国不需要正式的帝国。帝国的竞争被外交摆平了。促成第一次世界大战的并不是帝国的竞争。帝国的竞争促成了1905年的日俄战争。东亚的情况要不一样，但这是因为日本被其他帝国权力所包围，而它自身又没有什么自然资源。对部分日本精英而言，资源帝国主义似乎挺合理，他们在日本国内最终赢了旷日持久的争论。但我不认为德国和拥有海外帝国的法国也是这样。要得到工业资源有不同的做法，不管怎样这正是德国在做的事情。俄国人得到了大量的国外投资，因此他们在这方面也得到了满足。

约翰·A. 霍尔：我并不很相信你的说法。无疑，对经济而言更重要的是人们所坚信的事实，而不是事实本身。我并不是说与帝国主义结盟的民族主义发动了战争，而只是说一旦开战，它就改变了战争的性质。

迈克尔·曼：一旦战争发动，德国就有更强的动机要控制大陆，因为一旦被封锁，德国就会深陷危机。奥地利也是如此。当然，第二次世界大战不一样，因为体制加速了冲突。在这里，主要的非理性在于英国、法国和俄国无法结盟，这是因为意识形态，因为资本主义和共产主义之间的仇恨。

约翰·A. 霍尔：英国和法国在第一次世界大战中的消耗也有影响。

迈克尔·曼：是的，但是到了1938—1939年，他们的弱点已消除很多。在希特勒建造起他的巨型军事机器前，这样的同盟本来可能建立起来，它本可以遏制希特勒，就算有战争，德国也很快会被英国、法国和苏联联合击败。

约翰·A. 霍尔：但这场战争不只发生在欧洲，还发生在东亚，它的确需要联合民族主义和帝国主义——虽然我错误地认为这一结合出现在第一次世界大战中。希特勒无疑需要为德国争取"生存空间"（Lebensraum），也需要罗马尼亚的石油，以确保德国的经济生活取得持续成功。

迈克尔·曼：显然，这是他认为自己在做的事情。当斯大林不让他通过非战争手段掌控罗马尼亚时，他感到惊讶，心生敌意。而日本，显然它是在传统的领土疆域意义上寻求帝国之位。

约翰·A. 霍尔：这是场帝国间的战争，一场某种程度上的死战，此前帝国间的战争从不是如此模样。

迈克尔·曼：这部分是因为毁灭的手段过于强大，并且这也是场全球战争——除了拉丁美洲，所有的大陆牵涉其中。

约翰·A. 霍尔：并且，民族原则开始发挥作用，在不少地方清洗人口被置于政策的核心，这样你的国族便可处于主导地位。

迈克尔·曼：正如在第一次世界大战中那样，其结果便是在帝国中创造出种族清洗更彻底的民族国家。

因此战争是危机的一种类型。第二种类型是经济危机，尽管这种危机比起军事危机来说并没有那么严重也没那么混乱。增长和衰退的正常循环本是资本主义推动力中的　部分。但"大萧条"不是这样，它超出了正常规模，我们现在所经历的衰退也不过是周期性的下降。反向的必然结果便是1945年后的大繁荣，当然我们不会将它看作危机。但它也同样是超乎规模的，也产生了不可能重复的重要效应。

约翰·A. 霍尔：我们会忘记萧条和衰退平息的时候。萧条和衰退可不仅是循环性的。1919年后，在某些地方要恢复正常是颇为困难的。事实上，纵观20世纪20年代，没几个国家的经济是蓬勃发展的。但这导致了"大萧条"——最主要的经济危机之一。你可以多谈谈"大萧条"吗？什么导致了"大萧条"？

迈克尔·曼：我会首先解释其在美国的发展，美国是最受影响的经济体。一系列打击累积起来，导致普通的衰退走向"大萧条"。我们必须记住，20世纪20年代的经济一直都并不十分兴旺，大众消费也并不高。但是20世纪20年代中期起，过度生产带来了全球的农业衰退，这是第一次世界大战及其后果的结果。在美国，衰退在1928年蔓延到建筑业和生产业。与此同时，投资者似乎对被大力吹捧的营利技术表现出过高的信心，股票市场泡沫随之出现。过度的投资、萧条的生产结合起来，导致了大规模的产能过剩、破产、银行倒闭和失业。信贷枯竭，消费骤降。政府和美联储的回应是紧缩通货，并限制货币供给。这正符合经济学的正统看法，政府的角色只是帮助处理股票价值清算、不营利的商业、过剩的工人和过高的工资——直到市场的力量重建均衡。但事情并没这样发展。事实上，这样的紧缩通货将日渐严重的衰退变成了"大萧条"。

通过金本位制，美国的问题被传导到已经摇摇欲坠的世界经济。固定汇率将美国在价格和利润下降方面所受的冲击传导到其他经济体。美国的国际贷款也同样下降了，这削减了外国人通过出口支付此前贷款的能力。他们觉得他们也需要限制信贷、提高利率，这意味着他们也在衰退时紧缩通货。

这是金融机制的后果，这机制正是由现代经济学家建造的。他们反复争辩不同冲击的权重。他们并没能很好地解释，这场打破旧纪录的萧条究竟是如何发生的。要做到这点，我认为我们必须将解释扩展到工业结构、阶级结构、意识形态和地缘政治竞争中——更普遍地，扩展到社会权力的来源上，因为这是更为普遍的危机。

简而言之，权力关系的四种结构转型正在拉开序幕。首先，农业是经济体的传统砥柱，由于全球生产过剩，它在走向下滑、萧条。它的剧痛极大促成了"大萧条"。其次，工业正从剧烈的技术变革中转型，从第二次工业革命的重工业转向轻工业成分更大、消费者取向的制造业。然而两者结合并不能承担充分就业经济的重负。旧工业不再扩张了，新的工业仍然弱小。科技也没能不负众望。再次，旧制度的上流阶层仍控制着世界的金融，他们试图通过"清算主义"（liquidationism）意识形态和金本位维持自己的霸权，这只让情况更糟。这些不仅仅是"错误"。这是在阶级权力和道德系统上的最后防卫。相反地，不断扩大的工人阶级在寻找更完善的社会公民身份，而直到"大萧条"导致其政治同盟的衰败（这也只是某些国家的情况），他们才有权力去挑战这一正统。最后，地缘经济权力从英国霸权、强国协调政策的状态发生转型。但当时也没有一个稳定的替代性国际制度。既没有霸权，强国间也没有稳定的合作，它们都被第一次世界大战结束后签订的和约所带来的冲突切割得四分五裂。

如果我们看看第二次世界大战和第二次世界大战刚结束时发生了什么，这种对"大萧条"的结构化的探寻方法会得到更多佐证——比起战后兴起的前所未有的大繁荣，"大萧条"也不见得更奇特。大繁荣体现了四种转型的日渐成熟：大规模的农业人口迁移为城市工业部门提供了劳动力；大众消费社会崭露形体，并与高消费需求相关联；在生活福利方面的普遍社会公民身份、累进税制、保证完全就业和高工资的政策都已制度化；美国这个新的霸权国为国际经济提供了切实可行的规则。当然，这一对照显示出，经济永远与其他形式的社会权力来源交缠，无论时代好坏。

约翰·A.霍尔：你一开始提到了在当今的资本主义中，金融发挥着更为重要的作用。这是否使得2007—2008年的危机迥然有别于"大萧条"？

迈克尔·曼：其中有同有异。它们都由金融危机促成，先是信贷危机，后被债务危机恶化。它们都处于一个日渐不平等、大众收入下降的时期，它们都发生在科技创新无法带来更多增长之后。尽管现在的金融服务业比起两次大战之间的时期要更为庞大，但它们在当时是统治阶级"旧制度"的核心，政治经济随他们的需要而剪裁。我已指出，政府将自身绑在金本位上，以向投资者证明其经济的"资金充实"。在两次危机中金融投机者都被稳住了。

但是没错，今天的债务水平要高于"大萧条"时期。全球失衡的问题使得债台高筑，却似乎也提供了通过债务解决收入下降的简单手段，"大萧条"时并没有这样的现象。可见的金本位束缚则变成了更不可见的美元浮动和跨国资本的束缚。"大萧条"前并没有多少监管存在，然而眼下这场衰退发生在大量管制后的去管制中。20世纪30年代的回应是更强大的国内管制和以邻为壑的贬值政策，并在国际上采取贸易保护主义。在今天，国际和国内管制能实现更好的平衡。不同点在于，今天的大多数国家都历经了这样的一段漫长时光：国家更频繁涉足经济生活，重视工业多于金融业，重视失业率多于通胀，重视凯恩斯主义多于新古典经济学，并且还存在殷实的福利国家。新自由主义近来试图与之抗衡，它已有所进展，特别是在英语国家。

但是政治经济学上仍存在许多变种，其丰富程度远胜于在那些曾受"大萧条"波及的国家之中的情形。或许之前在谈及目前的危机时，我对这些变种没加以足够强调。北欧国家以及那些更大更稳健的欧洲经济体（如德法）在面对投机时，在本质上就没英国和其他南欧国家那么脆弱——因为同处欧元区这一独特性，他们乍一看似乎同处一艘脆弱沉船上。日本、印度和中国也没那么脆弱。澳大利亚受益于与中国的贸易，加拿大受益于对金融部门的严格管制，美国则受益于拥有世界储备货币。虽然现在全球化更猛烈，但在政治经济学方面，国家的变化亦更为丰富，这再次说明全球化是涉及民族国家的全球化。

约翰·A.霍尔：我们如何为最近这次危机的种种原因排序？其中有许多因素——华尔街的"野兽精神"、经理们没能理解新的金融工具——但我猜测两个因素发挥了巨大的作用。首先便是世界经济巨大的流动性，这很大部分是源于东亚的储蓄。这是"全球失衡"的问题，这为美国的住房市场繁荣创造了可能。其次，美国有个极度不胜任的政府，它试图通过推广廉价抵押贷款来换取社会和平，因为在这个国家里，要通过其他方式再分配收入实在太难了。

迈克尔·曼：讨论到导致这场危机的次级贷款，它提供了一个倾覆的机制，使其变成真正的危机。从里根到小布什期间，美国的保守派－新自由主义攻势严重加剧了不平等。在这整个时期，大部分美国人的家庭收入处于停滞状态，然而富人变得更为富有。在地球的另一端，日本以及中国的增长，加上中东国家的石油收入，为他们提供了巨大的贸易顺差，他们手握海量的美元。他们在美国投资，这使得利率降低，产生了巨量的低息贷款。普通的美国家庭可以向金融业借来更为富裕的生活方式。他们把自己的房子当作自动柜员机，为美国的生活方式筹划资金。就连穷人都能得到次级贷款。不幸的是，贷款的利率会变化。2005年刚有过热的迹象时，美联储提高了利率，穷人们便没法偿还。这些"有害的"债务当时被隐藏在大量的债务中，并污染着它们，危机便开始了。我想补充的是，抵押贷款只是激增的所有债务中的一小部分。即便没有次级贷款，也会有类似的危机产生。金融服务部门失去了控制。

约翰·A. 霍尔：最后的问题是，美国是否在这场危机中表现不错？而那些管制程度可能更高的欧洲经济体可能表现得没那么好？

迈克尔·曼：问题比这要复杂。事实上，欧洲人也去除了对资本的控制，它们对金融资本去管制化，并且只比英语国家稍晚。但欧元区国家另有一个不受管制的洞穴：他们使用同样的货币，却没有共同的财政部掌管全体财政政策。欧洲中央银行的权力非常有限，比如说，它没有控制拨付补助给希腊等萧条成员国的自主权。个体民族国家可以做到。英国财政部可以为北爱尔兰拨款，美国财政部可以为西肯塔基州拨款。在这一方面，欧洲人比起英语国家要更不受管制，结果是他们面临共同的脆弱性。然而，在别的方面它们又更为"受管制"。比方说，他们有更强大的福利国家，可以保证生活质量和消费需求，这样就算失业率升高也不会和英美一样面临通货紧缩效应。欧元的稳定性很难预料，但在其他方面，欧洲大陆可能会比英美更好地走出危机，因为它们有干涉主义的国家。

约翰·A. 霍尔：我想要问问当今世界的潜在危机。让我们暂时回到中国的问题。现在它更具发展的可能，并或多或少随美国而发展。这一状况是否稳定？

迈克尔·曼：一切都有可能，但我觉得严重的问题不太可能发生。中国要做出关键的决定。如果国内经济发展得更好，如果更多的中国资源能用于国内基础建设，尤其是在农村地区，并致力于发展更为均衡的国内和国际经济、减轻全球失衡，那么中国人民会过得更好。我并不相信中国的进步会被阻止这一切发生的社会混乱所困住。我认为政权是有选择的。如果他们真的想要这样做，那么这就是可行的，这会是中国和世界其他地区的幸事。这会是非常健康的发展，尽管我们不知道这会不会真的发生。

约翰·A. 霍尔：从美国财政部秘书和中国官员的会晤透露出的信息看，中国的领导人非常聪明。他们并不想通过消除巨额顺差的方式来抽走所有美元，因为如果他们将美国的经济带入混乱当中，他们自身也会受到伤害。为什么要在经济舞台上发动一场可能伤害自己的危机？他们似乎清楚这点。

迈克尔·曼：对他们来说，最明显的问题可能是，撤资可能使得他们在美国的财产贬值。在这一过程中他们会损失很多钱。我想他们会分散投资，但他们会慢慢进行。

约翰·A. 霍尔：是的，如果这样美妙的图景实现了，他们会将部分储蓄用于国内发展，以此带动国内需求，经济更为平衡。这样就不会有危机。

迈克尔·曼：这同样有助于亚洲其他地区：它们能卖更多东西给中国，能从中国身上得到更多。当然我们不能忘记印度，它对全球经济失衡的影响没那么大，但随着它的发展，它在全球经济中会发挥更大的作用。因此，我认为全球经济可以以更为多中心的方式发展，并且会带来前所未有的更高水平的相互依赖。这并不会是危机的来源。

约翰·A. 霍尔：所以还有什么可能带来危机的危险点吗？

迈克尔·曼：它们的层次更低，它们更像是问题而非危机，并于世界各地因地而变。其中一些是当地的危机。在一些国家，种族冲突和种族清洗一直存在。要解决这些问题，没有一蹴而就的方法，但种族清洗问题在世界范围内取得进展，现在它不会影响大型社会。沾染过种族清洗的最为大型的社会，印度和印度尼西亚，都已找到方法处理它，使其保持在较低的水平。

欧洲和日本面临着不同但相关的问题——移民。它们都必须处理持续不断的移民问题，这部分是因为这些国家没能实现人口再生产。问题可能变得更为严重，并遭受右翼的强烈抗议。它可能带来造反，但它不会是法西斯主义的，而会是本土主义的。当代的国家也有问题，它们的花销日渐上升，税收停滞乃至下降，从事经济活动者相比于不从事经济活动者的比例更低了，公民也不情愿付更高的税款。这为国家带来了财政危机，并很可能会恶化。我们在谈论次要的问题，而不是大灾难。政党方面的具体问题会是，如果他们没能解决这些问题，那么上台下台会成为家常便饭。

约翰·A. 霍尔：但这不会改变社会系统的性质。

迈克尔·曼：大概不会。但还有一个重要危机正在逼近。十分反讽的是，20世纪我们称之为经济胜利的一切，产生了重大的黑暗面：环境破坏。GDP和人均GDP被普遍认为是成功和善行的象征。但它们也和环境退化呈正相关。环境退化的主要方面是全球规模的气候变迁——全球暖化正是流行的表达。

第十章　逼近我们的危机

约翰·A. 霍尔：你认为环境破坏可能导致战争等大灾难，并相应地坚持环境主义可能是一种整体性意识形态，它值得持续关注。在我看来，这是个相当重要的问题，但是出于一个相当世俗的原因：发达资本主义社会的社会和平过去时常是靠增长来维持的。馅饼变大，就意味着社会底层的人民会相对满足，因为他们的生活水准会上升，虽然他们分得的部分未必变得更多。光是想想世界上没有了这一保护和平的机制，我都已经被吓到了。但先让我将自己的担心放到一边，继续提问：你对自然危机怎么看？

迈克尔·曼：当然，我不是科学专家。我必须全盘接受目前气候科学家中的压倒性共识：气候变化已经发生了，并且很大程度上是人为的，由人类活动导致。因此人类必须改变其行为以减轻气候变迁的效应。关键的指标是二氧化碳排放，它构成了 70% 以上的温室气体。如果人类社会要保持健康，那么这样的排放必须大幅下降。我们还必须加上经济学家对不同的政策可能对应的开支与效应的估测。现在已有大量的猜测，但最为细致的著作会考虑一系列可能的变量，并且将其结论看作概率的问题。你根本没法做到精准。没人知道我们必须反应得多快、多彻底。但我们显然必须做出反应，现在看来，如果我们没能做出反应，那么灾难或许会降临在我们的孙辈或者曾孙辈上，防患于未然总是好的。

当然，现在问题是，这些行动必然是全球性的，至少也是接近全球性的。如果美国、欧洲、金砖国家没能在最低限度上采取相似行动有效降低排放，那么灾难就无法避免。这是迄今最为全球性的危机，因为世界上任何一个地方的二氧化碳排放都会给整个星球带来气候变暖的问题，并影响世界上每一个国家，只是有时程度较小。问题在于，这需要达成程度前所未有的国际共识。任何决定都需要经过数目繁杂的国际协商和协定。这是第一个问题。

第二个问题在于，现在在较为富有的国家和较为贫穷的国家间，出现了一种基于自身利益的重要不一致。现在 70% 的二氧化碳都是发达国家在过去 100 年中产生的。但是现在相对贫穷的国家贡献的比例逐渐上升，如果他们要工业化——人们普遍相信这对他们是好事，并且我们理应帮助他们工业化——他们的人均排放水平就会远超我们。现在这种划分多少是人为的，因为北方国家将许多高污染制造业出口给它们，而我们则进口较为清洁的产品。我们将自己的污染转移到他们身上。但如果他们自身要通过消费工业产品提高生活质量，他们的污染会更为严重。

约翰·A. 霍尔：在这个阶段，它会赶上发达资本主义世界的水平。美国大概贡献 25% 的全球排放，但是中国也在接近了。如果中国有 10 亿人拥有汽车——如果我们都有车，他们为什么不能有？这中间没有什么道义的问题——那么这会对环境造成灾难性的破坏。现在我们谈谈政治经济学的问题。美国呼吁中国提高消费水平以处理全球失衡的问题；但解决这个问题又会加剧环境问题的危险。

迈克尔·曼：确实如此，尽管全球性的不平衡不是当今大衰退的唯一原因，但也是原因之一。讽刺的是，对中国而言，要减轻这一问题便意味着增加对国内的投资，建造国家的基础设施，鼓励国内消费。这会导致——事实上，其结果已经初露端倪——能源集中型产业和污染型产业增加，如水泥、钢铁以及供能的煤矿。这会加剧气候变化。不幸的是，中国的经济增长重视增值远多于能源效率。于是，寻求能够克服南北区隔的国际协定便成为更为紧急的任务。

几乎每个国家都有一个主要问题：他们的经济完全是资本主义的，这一经济的合法性基于私人盈利。我们也有这个问题。

环境主义者会将其称为"利润的苦力磨坊"[1]（treadmill of profit）。大部分问题都在于特定的排放型企业，首先是能源工业，煤、石油、天然气的生产者和其主要消费者。任何政策都必须惩罚这些工业：严厉制裁他们排放如此多的二氧化碳，刺激他们停止下来并转向可再生能源，逐渐影响他们。但这是十分困难的，因为以上企业都是他们国内经济的重要组成部分，政府给予这些行业相当的保护。政府希望其他国家限制他们自己的工业，但对自己放任自由。部分企业已经有所转变，现在更多企业采取绿色环保政策了，但它们并不是最严重的污染者，最严重的污染者只是装装样子而已。它们在一系列政治系统中有更强大的权力，其中之一便是美国的政治系统。

问题同样也出在我们消费者身上。我们喜爱汽车，喜欢航空旅行，喜欢空调，喜欢恒温游泳池。没错，民意测验显示，在21世纪，关心气候变迁问题、希望采取方法减缓它的人数比例有所上升。这促使大部分政党采取环保的措辞。但作为政治议题，它并不突出，并且其显著性在大衰退中还有所下滑。大部分人还是希望GDP增长，减少失业率，而不是减少温室气体排放。政客们意识到了这一点，便减少了环保方面的抛头露脸。

温室气体生产不平等的问题在国内和国际上都存在。怀俄

---

[1] 生产的"苦力磨坊"理论又译为"跑步机理论""单调生产"，认为资本主义制度无可避免地会带来环境问题恶化，资本主义为生产而生产以及"大量生产—大量浪费—大量废弃"必然导致环境问题的日趋恶化。

明州的人均排放量是加州的 10 倍，这意味着你必须说服怀俄明州的市民比加州市民付出更多来改变其模式。你还得处罚怀俄明州的企业。在此我们谈的主要是煤矿。问题不仅在于煤矿工业向参议员和众议员提供腐败金钱，还在于来自这些州的参议员和众议员会维护自己选民的利益。因此，如要取得有效进展，这些投射到全球舞台上的政治生活常态问题就必须被解决。

目前显然还没什么进展。但同时，你也可以换一种方式看。你可以说，好吧，我们取得了实质性的进展，因为意识到这个问题不过是 30 年前的事。这不算很长时间。在这 30 年中，科学家增进了共识，并且大部分政治领导人在原则上都同意：行动是必需的。所以你也可以说这是颇大的进展，尽管显然这一进展比不上排放增长的速度，并且排放增长的水平还在提高。

在新自由主义主导的时期，特别是在美国，还存在一个特殊的问题。它们在原则上反对国家干涉。然而，此时迫切需要协调性的国家干涉，自由市场的意识形态必然受到攻击。这变成了一个难对付的任务。

约翰·A. 霍尔：我也同意在国内进行政经约束的解决方案。但如果你多想想南北世界的总体区隔，你就会觉得一个可以在世界范围内再分配的解决方案是多么难以想象。你无法想象美国政客会允许转移发展潜力，让别的国家有所发展而自己的生活标准下降——至少我无法想象。我认为国家利益太强大了。因此任何解决方案都必须包含持续增长和提高生活标准的可能性。那些希望我们生活得更简单的环保主义者提出的任何方案在政治上都不会被接受。

迈克尔·曼：更有利于商界的保守主义解决方案——这些方案是由承认问题存在之士提出的——则相信我们的科技能力。现在，新技术科研的投资更丰富了，既有来自政府的投资，也有以减税为形式的激励措施。比如"洁净煤"可以让怀俄明州的工业和市民照常经营和生活。但现在并没有"洁净煤"这回事儿。正如阿尔·戈尔（Al Gore）在世界各地宣称的，这是矿业所编造的骗局。还有种未来可能出现的技术——"碳捕获和储存"，通过这种技术可以将碳从煤中捕获并储存在巨型地下仓库中。但目前这只是个理论，甚至都不算一个有效的模型。法国、加州和英国相互竞争的聚变反应堆会产生清洁且可再生的能源，但目前它们还处于计划时期。

约翰·A. 霍尔：我认同，这是十分令人担忧的事情。但这也是个重要的问题。目前聚变能源也尚未显露端倪。

迈克尔·曼：是啊。风能和太阳能都做出了贡献，但还远远不够。看来核能必须成为其中的一部分。

约翰·A. 霍尔：无法想象世界没有增长的保守之士——也包括我——都祈求科技的突破。但"总量管制和交易"[2]（cap and trade）也同样保守啊。

迈克尔·曼：信任科技创新算不上很保守。下一步就是政策行动了。"总量管制和交易"的施行方式是制定排放的总限制，再为公司安排排放配额。没有达到限额的公司可以将剩余的配额出售给想要超过限额的公司。这当中是一系列的金融激励和抑制因素。有多困难，最初取决于设定的总限额，其后则取决于在接下来的年份中这一总额会下降得多快。在理论上讲，这可能是激进的政策而不是保守的政策，但目前的模式只有在与企业进行漫长的商议后才能落实，因此政策倾向于不要那么强硬，但这样改变不了什么。有时候这甚至会导致排放增长。欧盟的模式倾向于随时间推移变得更为强硬，但许多环境主义者谴责这些模式是远远不足的。

通常被认为更为激进的是直接的国家管制，国家根据国际协定设定的标准，直接规定对应的排放等级……

约翰·A. 霍尔：像《京都协定书》那样？

迈克尔·曼：是的，然后分段解决。国家给出目标，然后对没有达标的狠狠罚款。然而，现在的模式还是很弱。两种模型都意在减排，但它们都不足以抵消对世界经济的总体效应。因此总体排放量一直在上升。和环境主义者不同，我并不觉得常被认为

---

[2] 欧盟碳排放交易体系采用"总量管制和交易"规则，在限制温室气体排放总量的基础上，通过买卖行政许可的方式进行排放。

便利商界的"总量管制和交易"和按命令执行的国家管制有什么不同，因为它们要么太仁慈，要么太强硬，没法完成任务。但后者会涉及对公司——当然也包括消费者——的强制。

约翰·A. 霍尔：现在建议转向总量管制和交易法案
看起来也并不算激进，并且还有很多种伎俩，比如将
污染工业转到海外。

迈克尔·曼：是的，但这些会有积极作用。比如，森林有吸收大量二氧化碳的能力，因此采伐森林是重大的威胁，这占据了 20 世纪 90 年代总体温室气体排放的 20%。联合国政府间气候变化专门委员会在其第四次评估中总结，减少或防止伐林是能最有效、最迅速降低碳水平的政策选择。如果我们能将足够的资金投放到印度尼西亚、巴西和其他国家，劝服他们以激进方式使伐林率降到重植率之下，那么这会是降低排放的一大步。当然，如你所见，我们不可能仅仅简单地补助他们，这时国际总量管制和交易项目就出现了，贫穷的国家可以将其排放配额卖给北方国家的污染工业，这笔钱可捆绑于较为贫穷的国家在新技术项目上的投资。当然，这仍取决于这一模式有多大、有多强硬，对排放最严重者有多关注。解决最严重、最易恢复的排放，并在这一过程中打压排放者的气焰是有可能的。但到目前为止，还是没有什么进展。

然而，要用来执行任何有效计划的总体政策还是太困难了，似乎很可能没法达成稳定、共同协定的碳减排，并使得排放的

规模足以避免灾难。更可能发生的是，我们会到达引发真正危机的临界点……

约翰·A. 霍尔：以什么形式出现的危机？洪水？

迈克尔·曼：是的，这是最有可能的。低洼的小岛国会被完全淹没，像孟加拉国这样的国家会洪水泛滥。

约翰·A. 霍尔：这是严重的、完全无法逆转的人道灾难。

迈克尔·曼：是的。这显然与全球变暖、温室气体排放相关。在那时我们会希望科技机构能集体行动，以同一声音说话，深刻影响世界的媒体，然后影响大众和政客。这样更重要的一系列政策才会应运而生。这是较为乐观的情况。

约翰·A. 霍尔：你这是希望让需求产生发明。

迈克尔·曼：是的。但更悲观的情节是，洪水会激发强烈的大众反应，这会迫使政府采取严肃的救援行动，帮助难民，喂饱他们，甚至或许将他们重新安置在别的地方。政府会宣布难民危机已经结束，他们会集体转向长期的解决方案，但当危机从新闻中消失，被性骚扰儿童和腐败丑闻取代后，他们就会忘记了，直到下一场危机爆发。还有一个不幸的事实是，全球变暖对每个人的影响是不平等的。它对贫穷国家的影响极可能会更严重。加拿大和南美国家甚至会在 5 度的升温中受益。无论如何，富国有远为丰富的资源可以保护它们的疆域。看看荷兰吧，如果过去几百年内政府没有建造数量巨大的堤坝，那么大部分土地都会被水淹没了。

因此，国家的动机或许并不相同。孟加拉国的灾难会产生人道主义救援项目，但不会导致政治上的改变，因为美国和北欧的市民不会产生足够兴趣。如果这样发展下去，形势会导致疯狂难民潮，可能会有争夺水资源的战争，还有许多其他种类的剧烈冲突，包括规模堪比世界大战但更为混乱的国际恐怖主义。

约翰·A. 霍尔：我们显然必须好好思考，但某种程度上这些事情太可怕了，让人无法细想。

迈克尔·曼：是啊。但从个人经验出发，我确实知道主要强国的情报部门在进行情境博弈，看他们在这样的灾难下有什么可选择的政策。中央情报局正在就诸如孟加拉国灾难这样的事情进行博弈推演。

约翰·A. 霍尔：我为科技进步祈祷，因为我看不到世界经济不能保持持续增长的情况下，处理环境危机的政治意愿如何能诞生。

迈克尔·曼：大部分环境科学家和经济学家都说我们有所选择，并且相比起在替代能源项目上的花费，持续的气候变化会对 GDP 产生更为负面的影响。这是他们的断言，某些情况下也会是对的。但正如经济学家在谈论未来支付的"贴现"时指出的，大部分人的规划周期都很短。比起数十年后的潜在回报，他们更注重当前的开支。既然灾难短期不可能发生，支付更高的税率来补助目前的排放政策就不会受到欢迎。问题在于威胁实在太抽象，也太长远。它还没开始侵蚀人们的日常生活。

约翰·A. 霍尔：这样看来，哥本哈根会议颇让人沮丧。

迈克尔·曼：是的。美国、中国和其他国家在根本上阻止了它，在这一过程中故意削弱了欧盟要求领导气候变迁的主张。这是强国间的游戏。

约翰·A. 霍尔：我们没有道义上的理由不让中国农民过上体面的生活，但中国在哥本哈根会议上的提案意味着没有提出解决环境问题的方案。

迈克尔·曼：然而中国政府在过去十年里转换了态度，中国的政治也很不相同，因此共产党如要说服工业等产业，是没有问题的。如果中共中央做出了决定，那么事情就尘埃落定了。

约翰·A. 霍尔：但中国政治的稳定性取决于能否带来经济增长。所以这是能否拥有不同能源的问题。

迈克尔·曼：是的，但中国的优势是，比起世界上几乎所有其他国家，其领导权维持的时间都要更长，所以它更容易设想在中期内实现实质性的削减。事实上，我对中国相对乐观。其卓越的增长率或许会带来大量污染，但它同样为政府提供了资源来为替代性能源政策提供资金。如你所说，不管他们现在怎么做，持续的工业化显然都会显著提高中国的碳排放量。但我想领导层会意识到这个问题，他们有更长的执政期，他们有能力有所作为。

我对美国更为悲观，这部分是因为他们的政治规划周期很短，因为陷入僵持的政治系统和共和党内无知的反科学异议。《美国清洁能源与安全法案》已经大幅缩水才在众议院通过，但现在还是没有提交参议院的时间表，因为共和党不会赞成，事实上代表着高排放州的民主党也不会赞成。因此，奥巴马政府虽然真的关心气候变化，但是这一法案还是落在医改和银行改革后面。要赢得选举，这样的议题还是太抽象了。美国现在落在了欧盟后面，但在20世纪70年代时美国还领导着环境议题。我也看不到改变的前景。随着共和党赢得11月的选举，前景就变得更糟了。我很悲观。

约翰·A. 霍尔：我开始明白，为什么你认为这是21世纪与众不同的潜在危机。

迈克尔·曼：这和我们此前经历过的危机都不同。之前的危机逼近得迅猛而出人意料，它们压倒了可以做出回应的外交和经济机制。20世纪的危机经验其实很大程度是失败的经验。但我们现在明白，气候变迁不只是整个工业时期的长期过程，它还会在下一个50年里不断增强。对科学家和社会科学家而言，它很独特，他们能自信地预测未来长期的变化，即它会带来规模前所未有、兼具强度和广度的灾难。自此以后，如果减缓措施不成功，那么这个世界或许会突然到达一系列既是自然又是人为的大灾难的临界点。在正常的统计显著性水平下，这一切都可以早早预测出来。如果理智是人类的主要特征，这就容易多了。但在集体决策中，理智并不占主导地位。我们可能会像恐龙一样无助。

这也是唯一一场因为人类成功征服了世界而引发的危机。这是另一个采取减缓行动如此艰难的原因。这是多么骇人的反讽——我们集体经济权力的逐渐成功可能为我们带来毁灭。在文明权力的顶点，经济增长似乎可以遍布世界，这一切却可能被釜底抽薪。

约翰·A.霍尔：现在，那些与战争有关的危机能得到更好的理解，但正是在这成功的时刻，一切似乎会以新的方式走上歪路。

迈克尔·曼：没错。这是工业时期经济增长驱动力的特征。不止资本主义。在我们的国家，形成灾难的机制以及灾难的跑步机的正是利润的驱动，但这不是苏联和中国的情况，在它们那儿，其机制过去是、现在也是国家对高增长的承诺——事实上，增长成为社会主义苏维埃体制的同义词。没有足够的数据证明是资本主义还是国家社会主义对环境的破坏更大，但差异不会太大。

当然，要解决这个问题，我们需要更高水平的国家管制，远高于我们谈到金融危机乃至"大萧条"时的程度。有意思的是，有些经济社会学家将他们所见放在波兰尼的路径中考察，重申资本主义有在国家和市场之间循环振荡的趋势。但事情并非如此，因为此前在管制更严或需要更严厉管制时，都有特定并通常更为广阔的起因。它们和之前的情况都不太一样。在"大萧条"中，管制是对经济趋势和资本主义下的阶级冲突的回应，并与不稳定的地缘政治关系勾连。第二次世界大战后管制的扩张则源于战争带来的增长。从20世纪70年代开始的新自由主义的反应则不仅因为新凯恩斯主义的内在问题，还因为保守主义复活、劳工运动渐弱、权力向美国转移。现在国家管制理应增加（有没有增加是另一回事），这是由于完全不可预料的来源，即资本主义和国家社会主义系统的成功。这不仅是市场需要加强管制，我们整套社会实践都需要加强管制。我们这些消费者也需要控制我们的行为。

约翰·A.霍尔：因此你的最后一卷本应在标题中加上"环境"。

迈克尔·曼：我还没有选定标题，但应该会包括"危机"（crisis）或"种种危机"（crises）。

约翰·A.霍尔：你已经就之前的所有危机做了解释，你又想出了一个新危机！

迈克尔·曼：是的。其反向运动也同样是崭新的。反对者是科学和环境NGO以及环保人士构成的新组合。拉尔夫·施罗德一直强烈建议我将科学作为一种独立的权力来源。

约翰·A. 霍尔：他说的有一点儿道理。

迈克尔·曼：是的，我一直抗拒这样的理念：科学是"冷"而理性的，而科学家大体上是权力的仆人，常常成为企业、军队或国家的仆人。但在这次危机逼近时，我们可以看到科学家团体采取了和那些公认的"主人"迥然不同的立场，并劝说这些主人去信奉他们的立场。这些科学家团体与许多 NGO 结成准联盟。这些 NGO 中有的是无政府主义者和过激环保分子，其他人则包括各种组织，从"绿色和平"到动物和鸟类组织。科学似乎正在变得没那么"冷"，并容许更为情感－意识形态化的盟友。当然，像玛格丽特·雅各布（Margaret Jacobs）这样的科学史学者已向我们展示了，以牛顿为首的现代科学是从宗教中脱胎而生的。当时科学是"暖"的。现在由环保运动充分调动的科学家和环境主义者组成的"暖"结合，正说服人们在日常生活中通过循环利用、购买省油汽车等方式带来改变。

约翰·A. 霍尔：这些都是好事。弗雷德·赫什（Fred Hirsch）也提出过一个新颖的想法，他认为与其为本质上最为有趣的工作提供最高的薪水，不如削减那些最有趣的工作的薪水，以得到社会安宁，因为既然这些工作本质上就很有趣，这些职位无论如何都会被填满。换言之，就是拆分地位和报酬。这很难付诸实践！

迈克尔·曼：呃，这忽视了权力在社会中的分布，社会被那些拥有有趣工作的人主导。但环境运动在相当短的时间内出人意料地流行起来。但它现在在面对政策的细节时，没法转变政治权力的现实。步子已经迈开，但还不够。

约翰·A. 霍尔：然而正如你所说，这是场分裂的运动，有的人渴望新技术以保持增长，而也有道德上令人钦佩之士想要降低碳排放量，过更为简单的生活，并准备好要去尝试、去想象一个经济增长不高的世界。没有核心凝聚力的社会运动常常会破裂。

迈克尔·曼：是的，尽管其中一些部分可以被看成是力量而不是弱点。分化的事实意味着不同的能量都可以朝同一个方向进发。并且，你会发现在像哥本哈根会议这样的国际会议上，主要的环境 NGO 都没有身份，但他们还是获得授权在场，他们可以旁听座谈，他们制作宣传资料，制作记载每日进程的日报——这是大部分国家代表都不知道的。他们的工作让人印象深刻，但他们还有很多工作要做，才能让人相信自己必须做出牺牲。并且，在政府间的会议中，大公司比 NGO 更有优势进入国家代表团内部。这必须改变。

约翰·A. 霍尔：是的，我们也必须开发新的技术。但我想要在结束这次对话前，问问最近新自由主义和市场化的复兴。这是否意味着解决环境危机更不可能了？

迈克尔·曼：很不幸，是的。环境危机实在来得太不是时候了。新自由主义对解决气候变迁问题来说是灾难性的，原因有二。其一，它断言市场可以解决一切问题。不管这一断言在别的语境中是怎么样，在气候变迁的议题上，它就是错的。现在的市场力量需要强大的指引来避免灾难。其二，新自由主义带来了经济的螺旋式下滑，先是停滞，再是金融业带来的衰退，接着便是回应主权债务的通货紧缩，接下来还可能会有进一步的衰退。在这样的情况下，环境主义者不可能有所进展。政客们将工作和利润置于一切之上。他们不会为新能源项目提供资助，因为它们要几年后才能带来工作或利润。

新自由主义产生的这两个障碍，正是总量管制和交易政策被宣称为市场友好的原因——这也为激进环保主义者所诟病。但我之前说过，它是不是市场友好型，完全取决于总量的水平以及它后续的约束。真正的市场友好型（即便利商业型）的政策就是无效的政策。现在这样的政策已被提出，而即使是这样也几乎没被执行。

因此要讨论气候变迁，我们必须走出新自由主义的泥沼。这使得我们在采取严肃行动前，确定产生环境灾难的临界点更为必要。进步、发展、进化，这些启蒙运动以来从根本上乐观的观念的诱惑，可能都走到了尽头。

结论

约翰·A.霍尔：采访就要结束，我想要重返你的理论模型，并请你谈谈其效力。让我们批判性地开始对话。随着你的著作越来越靠近我们所处的时代，它有时也变得没那么清晰。权力的来源似乎变得混杂，你将这一过程描绘成"多相结晶"（polymorphously crystallization）[1]。你是否为之担心？更重要的是，这一模型是否让你有时可以和稀泥，打个比方，你可以添加因素，而不是真正解释哪一因素占主导？

迈克尔·曼：我将这个问题描述成恩格斯与韦伯的争辩。恩格斯是马克思第一个真正的追随者，他认为社会的特征是大量的因果互联关系，但到"最后"，经济关系会证明它们是最为

---

[1] 原文为 polymorphously perverse，在与译者电邮中，霍尔确认此处应为 polymorphously crystallization。

必要和基本的。相反，韦伯认为，如果不考虑他所说的社会行动结构，就不可能找出大而化之的普遍原理。你认为在这个问题上我和韦伯站在一边，但我的立场与之相比有细微差别。我自己的立场处于两者中间，这清楚体现在五个方面。

第一，在《社会权力的来源》的一开始，我就辨别了四种而不是一种主要社会权力来源。因此我的论点和韦伯不同，我认为在最后，社会可以被解释成四种权力的互动，而无需无数的其他原因。当然，我是经验主义者，因此无法将其变成不可侵犯的准则，甚至法则。社会和人类几乎是变化无穷的，并且世界又那么大。人类的经验是多样的。在战争肆虐的 20 世纪，数以百万计的人被战争深深破坏和伤害，然而，更多的人几乎与之隔离。尽管如此，这四种社会权力的来源成为我的"中层理论"——罗伯特·默顿[2]在论及社会总体发展的普遍原理时提出这个词——的理论基础。

第二，我提出了解释四种社会权力的中层理论，专门用以针对特定历史时期权力的"前沿"。比如在第一卷中，我认为在古代帝国时期，通过经济权力关系获得的军事权力关系是形塑社会结构的首要因素。紧接着就是世界宗教发展的时期，此时意识形态权力成为首要的结构。在第二卷中，我认为在 1760—1815 年这段时期的第一阶段，相互缠绕的经济和军事权力关系是主要的，其后一直到 1914 年间，以民族国家崛起为形式的政

---

[2] 此处原文为米尔斯。曼在电邮中确认此处为笔误。

治权力取代了这对权力中的军事权力——尽管现在回首，我会觉得这一结论忽略了帝国的权力。

在剖析第一次世界大战到今天的第三卷中，我认为作为经济权力的资本主义和作为政治权力的民族国家（美利坚帝国的持续存在对此有所限制）最为强大。我也认为，如果人类要克服气候变迁的问题，那么就必须减少资本主义和民族国家的权力。当然，这会不会发生是另一问题。权力而不是效率统治了世界——更准确地说，个体性权力主导了集体性权力。但我并不认为会有一种理论可以提出贯串整个社会历史发展时期的终极主导力量，或在某一时间点横贯整个世界的终极主导力量。

第三，我的确考虑到未来的两种情况，这是极端的"最后阶段"。第一种是恩格斯的经济首要论的新版本。现在，气候变迁由逐利的资本主义、国家支持的资本主义以及我们对商品的过度消费导致（这一组合在中国则更侧重国家主义，更不是资本主义）。如果这些资本主义力量没被强制的国家政策和国际政策所控制，那么经济权力——资本主义——会摧毁这个星球，这显然是人类的"最后阶段"。另一种可能的最后阶段是军事，核战的开始或其他大规模杀伤性武器带来的战争会带来同样毁灭性的结果。这会终结文明的人类社会。但如果没有这样的极端情况，就不会有"最后阶段"。

第四，我归纳了每种社会权力的总体性质。经济权力最为稳定、完整，最能稳定发展密集而广泛的权力关系。全球化的生产和贸易网络提供了越来越广泛的世界经济权力关系，生产关系提供了对日常生活的深入控制。[3] 这一结合确保了经济权力能最为稳固而持续地嵌入日常生活之中，并几乎横亘整个地球，而且它的发展是最为坚定的。军事权力关系则提供了最为毁灭性的权力，它永远都短促、急剧地迸发，动摇社会，使部分社会变迁加速又使另一些放慢，并不时将它们带向新的方向。

但军事权力关系在 19 世纪和 20 世纪急剧改变了，它们破坏性的权力急剧增长，开始远远超过重建的能力。在此前的帝国中和之前的战争结束后，重建的能力还是要强得多。意识形态同样会短促而急剧地展现出其最大的力量。当其他权力来源产生的危机压倒现存的机制、新的运动出现时，这会产生看似更为可能的总体性的解决方案，它时常更具情感性，更能横扫山河地区分何为"好"与"坏"的社会实践，并常具乌托邦色彩。最后，政治权力关系在一定的、有界限的疆域中引导并制度化其他社会权力，为社会生活提供整体的空间稳定性。在当代世界，民族国家已经渗透进资本主义的核心，并带来两种辩证法——国家/跨国的，以及国际/跨国的。这定义了全球化的整体进程（还有第三种元素——美利坚帝国）。

第五，我的权力来源提供了多元主义的规范性理论，这就是说，这一理论提供了更为纯粹的民主社会的规范性理论，整

---

[3] 这里涉及曼提出的另外一对权力关系。广泛性（extensive）权力"涉及把分布在辽阔领土上的大量人民组织起来从事最低限度稳定合作的能力"，而深入性（intensive）权力"涉及紧密组织和指挥高水平动员或使参加者承担义务的能力"。参见《社会权力的来源》卷一。

体权力既不会聚集在某一种单一的权力上，也不会有单一的精英控制所有的权力。相反，权力可以被掌握经济、意识形态和政治权力的团体所平衡。我在第三卷中对此有所发展，我批评了苏联（这是单一党国精英的案例）和美国（这是经济权力侵犯政治和意识形态权力的例子）。

我觉得对你的批评而言，这应该算详细的回答了。

约翰·A.霍尔：如果回顾你的整体研究，你是否觉得你的路径是成功的？你是否觉得自己可以告诉我们一些我们可能错失的东西，并让我们以新的方式看待世界？更具体地说，你在何种程度上借鉴了马克思、沃勒斯坦和霍布斯鲍姆等先辈理论家？你关于20世纪的一系列思考又有何独创性？

迈克尔·曼：我觉得在我们的对话中，我为读者提供了详尽细节来理解我的方法，至于他们能否从我这儿学到什么，他们可以做出自己的结论。我的漫长的20世纪——从1914年到2010年——武断地划定了其终结的日期，即今天。但其中包含了一系列重要危机，从第一次世界大战到气候变迁，它们打断了整个时期，我们从中可以判断其起因、人类的回应以及结果。它们同样带来重要的因果关系问题：在何种程度上我们可以解释世俗、结构性的趋势以及令人震惊的单一事件。大多数看待20世纪的观念都将其二分为灾难遍地的20世纪上半叶和以恢复、黄金时代以及富足的问题为特征的20世纪下半叶——从大屠杀到失去控制的年轻人。我的看法不同。灾难在人类社会中很盛行，它们是这个星球上最具创造性的物种的行动无法避免却也未预料到的结果。

至于影响的问题，显然我在写作资本主义方面的内容时自由地运用了马克思及其追随者的理论，但我本人是一名社会民主人士、多元主义者，而非马克思主义者。尽管我相当赞赏近来的马克思主义者的著作，比如伊曼纽尔·沃勒斯坦（Immanuel Wallerstein）、乔万尼·阿里吉（Giovanni Arrighi）和大卫·哈维（David Harvey），但我觉得他们都是非常简化论和功能论的。他们将其他社会权力的来源简化了，使其成为资本主义生产模式发展中的功能性角色；他们认为生产模式是系统性的，并将社会结构定义为整体。我在第一卷的第一章中反对将社会看作一个社会系统，我现在也没改变看法。[4] 阿里吉在其连续帝国霸权的模型中的确将地缘政治权力关系放到资本主义上，但我也觉得他的理论太系统论了。哈维在分析美利坚帝国时和我一样分辨了帝国主义的疆域层面和市场层面，但他在实证分析中只研究了后者，这是简化论的。其他马克思传统的学者影响要轻

---

[4] 曼认为，社会是"由多重交叠和交错的社会空间的权力网络构成的"，如果要说明"社会不是什么"，排在第一位的便是"社会是单一的"这样的看法，他认为社会不是社会系统，不是整体，"在地理或社会空间，我们绝不会找到一个受到单一限定的社会"。这也与其在上文"第三"中所提到的"最后阶段"的看法有关，他在第一卷中认为"因为不存在整体，所以不可能'最终'、'最后'使社会关系适合于整体的某种系统性特征——诸如'物质生产方式'、'文化'或'规范体系'，或'军事组织形式'"，他在此回应21世纪的问题时略有调整。参见《社会权力的来源》卷一。

一些。埃里克·霍布斯鲍姆（Eric Hobsbawm）在其最近的著作中全面评价了国家以及阶级。罗伯特·布伦纳（Robert Brenner）仍保持了对资本主义的系统性看法，然而他并不声称这决定了其他权力来源，比如说，我们都同意，伊拉克战争不能被化约为经济原因。佩里·安德森（Perry Anderson）的所有写作极富洞见，他轻盈地运用马克思主义，并非常重视多元化的理论。

总的来说，在处理意识形态、军事和政治权力的关系上，我还是远离一些马克思主义者的，他们要么就忽视之，要么简化之。然而，当代理论的大部分其他"学派"也并没有那么有趣。理性选择理论对20世纪的大部分主要趋势而言都是不适用的，因为人类已经反复展现他们是意识形态的、情感化的和不理性的。在你的厄内斯特·盖尔纳传记中，你引用了他的一句话："要真诚地相信理性，就意味着要承认理性其实是空中楼阁。"正是这样！文化理论应该多谈论意识形态权力的特征，它现在做得还不够。不幸的是，它倾向于将文化看成是无处不在的、包罗万象的，这样也就抛弃了可具体解释的权力和因果关系，用文化或意识形态抹杀了其他社会权力来源。政治社会学家在反对阶级理论时夸大了制度的作用，而全球化理论则有经济主义、过于热情乃至空洞无物的倾向。

但无论是在社会学家还是在历史学家当中，实证而广博的理论并不多见。我读过大量历史著作，我依赖历史学家或许还要多过社会学家，但我觉得我可以提供许多理论。这两个学科都各有其风潮，比如说，有一个时期大部分著作都处理阶级问题（"社会史"），突然间又转向关注民族性和民族主义了，阶级就被忘却了。军事社会学的确存在，但大部分都与资本主义或民族国家的发展不相干。例外者或许是那些将普遍性的经济理论和对真实的经济制度的评价相结合的经济史学家，他们和大部分经济学家都不同。

普遍性的社会学理论依赖于其与宏观制度的联系。这正是我所做的事情，这也是我认为我自己的模型在当代学者中颇具原创性的原因，虽然我觉得自己是立身于马克思、韦伯等人的经典传统之中。许多人都将我分类为"韦伯主义者"，认为我植根于韦伯铺定的传统之中。虽然我对韦伯有许多不同意见，但我觉得这还是有点儿道理。但我在走自己的路。

参考文献

Alesina, Alberto, & Edward L. Glaeser. 2004. *Fighting Poverty in the US and Europe: A World of Difference*. Oxford: Oxford University Press.

Chang, Ha-Joon. 2002. *Kicking Away the Ladder*. London: Anthem Press.

Dahl, Robert. 1989. *Democracy and Its Critics*. New Haven, Conn.: Yale University Press.

Eichengreen, Barry. 1996. *Globalizing Capital: A History of the International Monetary System*. Princeton, N.J.: Princeton University Press.

Fukayama, Francis. 1989. "The end of history ?" *The National Interest*, Summer.

Gellner, Ernest. 1983. *Nations and Nationalism*. Ithaca, N.Y.: Cornell University Press.

Goldstone, Jack. 1991. *Revolution and Rebellion in the Early*

Hall, John A. 2006. "Political questions." In J. A. Hall and R. Schroeder, eds., *An Anatomy of Power: The Social Theory of Michael Mann*. Cambridge, UK: Cambridge University Press.

Hall, John A. 2010. *Ernest Gellner: An Intellectual Biography*, London and New York: Verso.

Hirsch, Fred. 1976. *Social Limits to Growth*. Cambridge, Mass.: Harvard University Press.

Huntington, Samuel. 1991. *The Third Wave: Democratization in the Late Twentieth Century*. Norman: University of Oklahoma Press.

Jacobs, Margaret. 2000. "Commerce, industry and the laws of Newtonian science: Weber revisited and revised." *Canadian Journal of History*, 35.

Johnson, Chalmers. 2000. *Blowback: The Costs and Consequences of American Empire*. New York: Henry Holt.

Kohli, Atul. 2004. *State-Directed Development: Political Power and Industrialization in the Global Periphery*. Cambridge and New York: Cambridge University Press.

Laitin, David. 2006. "Mann's dark side: Linking democracy and genocide." In J. A. Hall and R. Schroeder, eds., *An Anatomy of Power: The Social Theory of Michael Mann*. Cambridge, UK: Cambridge University Press.

Lipset, Seymour Martin. 1963. *Political Man*. London: Heinemann.

Mann, Michael. 2004. *The Dark Side of Democracy: Explaining*

Ethnic Cleansing. Cambridge, UK: Cambridge University Press.

Mann, Michael. 1998. "The decline of Great Britain." In M. Mann, States, War and Capitalism. Oxford: Basil Blackwell.

Mann, Michael. 2004. Fascists. Cambridge, UK: Cambridge University Press.

Mann, Michael. 2003. Incoherent Empire. London and New York: Verso.

Mann, Michael. 1986. The Sources of Social Power. Volume I : A History of Power from Beginning to 760 AD. Cambridge UK: Cambridge University Press.

Mann, Michael. 1993. The Sources of Social Power. Volume II : The Rise of Classes and Nation-States, 1760—1914. Cambridge, UK: Cambridge University Press.

Marshall, Thomas H. 1950. Citizenship and Social Classes, and Other Essays. Cambridge, UK: Cambridge University Press.

Mills, C. Wright. 1959. The Sociological Imagination. New York: Oxford University Press.

Naughton, Barry. 1995. Growing Out of the Plan: Chinese Economic Reform 1978—1993. New York: Cambridge University Press.

Polanyi, Karl. 1957 (1944) . The Great Transformation: The Political Reform 1978—1993. New York: Cambridge University Press.

Schroeder, Ralph. 2007. Rethinking Science, Technology, and Social Change. Stanford, Calif.: Stanford University Press.

Senghaas, Dieter. 1985. The European Experience: A Historical Critique of Development Theory. Dover, N. H.: Berg Publishers.

Tilly，Charles. 1990. *Coercion，Capital，and European States，AD 990-1990*. Cambridge，Mass.: B. Blackwell.

Van Creveld，Martin. 2008. *The Changing Face of War*. New York: Ballantine Books.

Weiss，Linda，& John Hobson. 1995. *States and Economic Development: A Comparative Historical Analysis*. Cambridge，UK: Polity Press.

译后记

本书的翻译与朋友支持密不可分，尤其感谢付正、沈清两位好友。

在写作译注过程中，我参考了一些资料，为节省正文脚注空间，我将其具体信息在此罗列，当然，所有的错误由我承担。

李钧鹏：《迈克尔·曼与批判社会学》，载《人文杂志》，2014年第8期，第100—107页。

迈克尔·曼：《社会权力的来源（第一卷）》，李少军、刘北成译，上海人民出版社2015年版。

迈克尔·曼：《社会权力的来源（第二卷）》，陈海宏等译，上海人民出版社2015年版。

迈克尔·曼：《统治阶级的策略与公民身份》，载T. H. 马歇尔、安东尼·吉登斯等著，郭忠华、刘训练编：《公民身份与社会阶级》，江苏人民出版社2008年版。